LIBRO DE AVIONES DE PAPEL PARA NIÑOS

Un Sencillo Libro de Instrucciones Paso a Paso para Realizar Aviones de Papel para Niños

Ben Mikaelson

© Copyright 2018 – Todos los derechos reservados.

No es legal reproducir, duplicar o transmitir cualquier parte de este documento ya sea por medios electrónicos o en formato impreso. La grabación de esta publicación está estrictamente prohibida y no se permite el almacenamiento de este documento a menos que se cuente con el permiso por escrito del editor, a excepción del uso de citas breves en una reseña del libro.

Tabla de Contenido

LIBRO DE AVIONES DE PAPEL PARA NIÑOS 1

Tabla de Contenido 3

Introducción 4

Capítulo Uno: Introducción a los Aviones de Papel 5

Capítulo Dos: Diseños de Aviones de Papel para Principiantes.... 8

Capítulo Tres: Diseños de Aviones de Papel Intermedios 50

Capítulo Cuatro: Diseños de Aviones de Papel Avanzados 88

Capítulo Cinco: Diseños de Aviones de Papel de Nivel Experto
.... 133

Capítulo Seis: Consejos para Mejorar el Rendimiento de tu Avión de Papel 176

Palabras Finales 179

Introducción

Hacer y volar aviones de papel representa una diversión irresistible y, además, ser capaz de hacer grandes aviones de papel también te da el derecho a alardear frente a otros niños, ¡especialmente cuando puedes construir mejores aviones que cualquier otro!

En este libro, encontrarás una gran cantidad de diseños de aviones de papel que te mantendrán entretenido durante días y días. Los diseños de aviones de papel van desde los más fáciles hasta los que son de nivel avanzado y experto, por lo que podrás hacer los aviones más geniales del mundo. Los aviones de papel que se muestran en este libro son ideales para vuelos tanto en interiores como en exteriores. Este libro también cubre los principios básicos del vuelo, por lo que aprenderás sobre aerodinámica y las fuerzas que hacen posible el vuelo mientras te diviertes.

Una vez que aprendas a construir aviones de papel, cada trozo de papel que se encuentra alrededor de la casa se puede transformar en una máquina voladora. ¿Estás listo para convertirte en el piloto a cargo de un escuadrón de aviones de papel? ¡Empecemos!

Capítulo Uno: Introducción a los Aviones de Papel

Los aviones de papel son básicamente trozos de papel que están diseñados para verse y volar como los aviones reales. A veces, el arte de hacer aviones de papel se conoce como aerogami, debido a su similitud con el origami, el arte japonés de crear modelos de objetos (generalmente animales) a partir de hojas de papel dobladas.

¡Hacer y volar aviones de papel puede ser muy divertido! Puedes jugar con aviones de papel solo o participar en competiciones de aviones de papel con otros niños.

Quizás lo mejor de todo, es que saber cómo hacer aviones de papel puede ayudarte a aprender cómo vuelan los aviones reales.

¿Cómo Vuelan los Aviones de Papel?

Al igual que los aviones reales, los aviones de papel se basan en los principios de la aerodinámica para volar. Sin embargo, la principal diferencia entre los vuelos de aviones reales y los aviones de papel es que los aviones reales necesitan diseños especiales en sus alas que les permitan volar a pesar de su peso. Las alas de los aviones reales suelen ser curvadas en la parte superior. Esta forma hace que la distancia a través de la parte superior del ala, sea mayor que la distancia a través de la parte inferior del ala, lo que significa que el viento se mueve más rápido sobre la parte superior del ala que debajo de ella. Esto crea una presión de aire más baja en la parte superior del ala, empujando el ala y todo el avión hacia arriba, lo que hace posible que el avión vuele a pesar de su peso. Como los aviones de papel están hechos de papel, son muy ligeros y no necesitan este diseño de ala para poder volar.

Al igual que los aviones reales, la capacidad de un avión de papel para volar depende de cuatro fuerzas. Una fuerza es algo que tira o empuja un objeto. Las cuatro fuerzas que afectan el vuelo de un avión de papel son:

- **Empuje:** Esta es la fuerza que impulsa el avión de papel hacia adelante a través del aire.

- **Resistencia:** Esta es una fuerza que resulta del aire que empuja contra el movimiento hacia adelante del avión de papel. La resistencia actúa en dirección opuesta al empuje.

- **Peso:** Esta es una fuerza de gravedad que tira hacia abajo el avión de papel.

- **Levantamiento**: Esta es una fuerza que mantiene el avión de papel en el aire. El levantamiento actúa en dirección opuesta a la fuerza de la gravedad.

Cuando lanzas tu avión de papel al aire, le das empuje. Cuanto más empuje proporciones, más lejos y más rápido volará tu avión, si todos los demás factores de diseño permanecen sin cambios. Una vez que el avión está en el aire, el movimiento del aire por encima y por debajo de las alas proporciona levantamiento, que es la fuerza ascendente que mantiene el avión en el aire. Los diferentes diseños de alas dan como resultado diferentes proporciones de levantamiento para tu avión de papel. A medida que el avión de papel se mueve por el aire, el aire también trata de oponerse a este movimiento, creando una fuerza de resistencia que ralentiza el avión. Cuanto menor sea la resistencia que cree tu avión de papel, más lejos y más rápido volará, si todos los demás factores de diseño permanecen sin cambios. La mayoría de los diseños de aviones de papel intentan minimizar la resistencia creada por el avión al tener una pequeña sección transversal. La sección transversal es el tamaño del avión cuando se observa desde la parte delantera o trasera.

Finalmente, el vuelo de tu avión de papel se ve afectado por su peso. Si bien el peso no afecta tanto a los aviones de papel como a los aviones reales, sigue siendo algo importante a considerar. Los aviones más ligeros tienen más probabilidades de permanecer en vuelo durante más tiempo, por lo que es necesario mantener el avión de papel lo más ligero posible.

Historia de los Aviones de Papel

La gente hacía aviones de papel mucho antes de que se inventara el primer avión real. La historia de los aviones de papel se remonta a la antigua China, donde, hace más de 2000 años, los chinos utilizaban el papel de papiro para crear cometas de papel voladoras y planeadores. Dado que a los chinos se les atribuye haber creado el papel, no es de extrañar que fueron los primeros en encontrar usos creativos del papel, además de su uso en la escritura. Desafortunadamente, debido a la naturaleza delicada del papel, ninguno de los planeadores de papel hechos por los antiguos chinos ha sobrevivido hasta la fecha. En Europa, la gente comenzó a experimentar con aviones de papel durante el período del Renacimiento. A finales de los años 1400, se tiene constancia de que Leonardo da Vinci utilizó pergamino para crear modelos de su máquina voladora, conocida como ornitóptero. En la década de 1700, se registró un uso interesante del papel para volar cuando los hermanos Montgovier construyeron globos de aire caliente utilizando papel. En 1783, los hermanos usaron tela forrada de papel para construir los primeros globos aerostáticos capaces de transportar humanos.

A principios de la década de 1900, a medida que las personas se obsesionaban con la idea de volar, muchos inventores e investigadores utilizaron modelos de aviones de papel para comprender el efecto de los principios aerodinámicos. Los hermanos Wright, a quienes se les atribuye haber inventado el avión moderno como lo conocemos, utilizaron aviones de papel en túneles de viento para probar sus diseños de aviones. En la década de 1930, Lockheed Corporation probó varios diseños utilizando modelos de papel antes de implementar los diseños en la producción de aeronaves.

Cuando comenzó la Segunda Guerra Mundial, el uso de varios materiales fue restringido por los gobiernos con el fin de preservar los materiales para usos de guerra. Esto redujo la disponibilidad de materiales como metal, plástico y madera para la fabricación de juguetes. El papel, que estaba ampliamente disponible y no tenía mucho uso en la guerra, se convirtió en el material de referencia para la fabricación de juguetes. La gente comenzó a usar papel para hacer modelos de los aviones de combate que se usaban en la guerra. Una vez que terminó la guerra y se levantaron las restricciones sobre los materiales, el uso de papel en la fabricación de juguetes disminuyó, aunque no desapareció por completo. Hoy en día, la capacidad de fabricar aviones de papel es una habilidad de la que los niños se enorgullecen, y volar aviones de papel es una actividad que muchos niños de todo el mundo disfrutan.

Capítulo Dos: Diseños de Aviones de Papel para Principiantes

En este capítulo, veremos algunos diseños de aviones de papel que son relativamente fáciles de construir, incluso para alguien que no tiene experiencia previa en la fabricación de aviones de papel.

El Básico

Este es un avión de papel muy básico, tanto así que es uno de los primeros que la mayoría de la gente aprende a construir. Construir este avión es muy fácil y no requiere mucho tiempo. También vuela bastante bien y puede permanecer en el aire por un tiempo.

Instrucciones de Plegado

1. Toma una hoja de papel y dóblala a lo largo del centro como se muestra en el Paso 1 y luego desdóblala, creando un pliegue.

2. Dobla las esquinas superiores de la hoja de papel hasta que toquen el pliegue que hiciste en el centro de la hoja, como se muestra en el Paso 2.

3. Dobla la hoja de papel por la mitad a lo largo del pliegue para que termines con la forma que se muestra en el Paso 3.

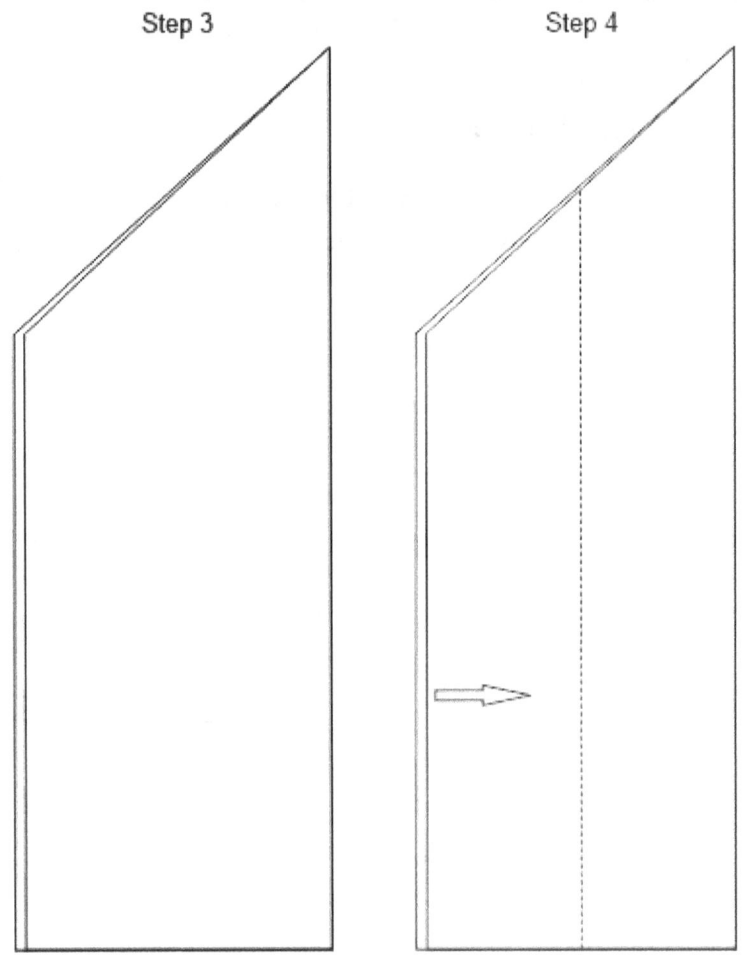

4. Ahora tendrás dos solapas mirando hacia la izquierda. Dobla cada solapa por la mitad como se muestra en el Paso 4 para crear las alas de tu avión de papel.

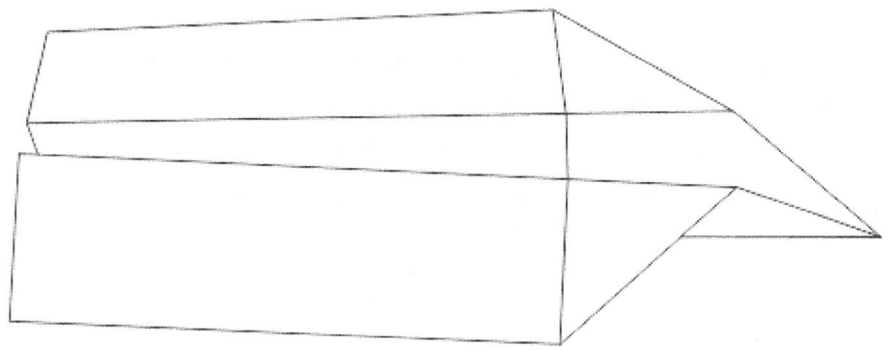

5. ¡Felicidades! Acabas de hacer tu primer avión de papel. ¡Lánzalo al aire y disfruta de tu nueva carrera como piloto de aviones de papel!

Dardo Básico

Este es otro diseño de avión de papel simple y popular que alcanzará buenas velocidades y cubrirá una gran distancia. Al igual que el diseño anterior, el Dardo Básico es muy fácil de construir en poco tiempo. Puedes tener tu Dardo Básico listo para volar en menos de un minuto.

Instrucciones de Plegado

1. Comienza con un papel normal, dóblalo por la mitad y luego desdóblalo. El objetivo es crear un pliegue que se extienda de arriba a abajo, como se muestra en el Paso 1.

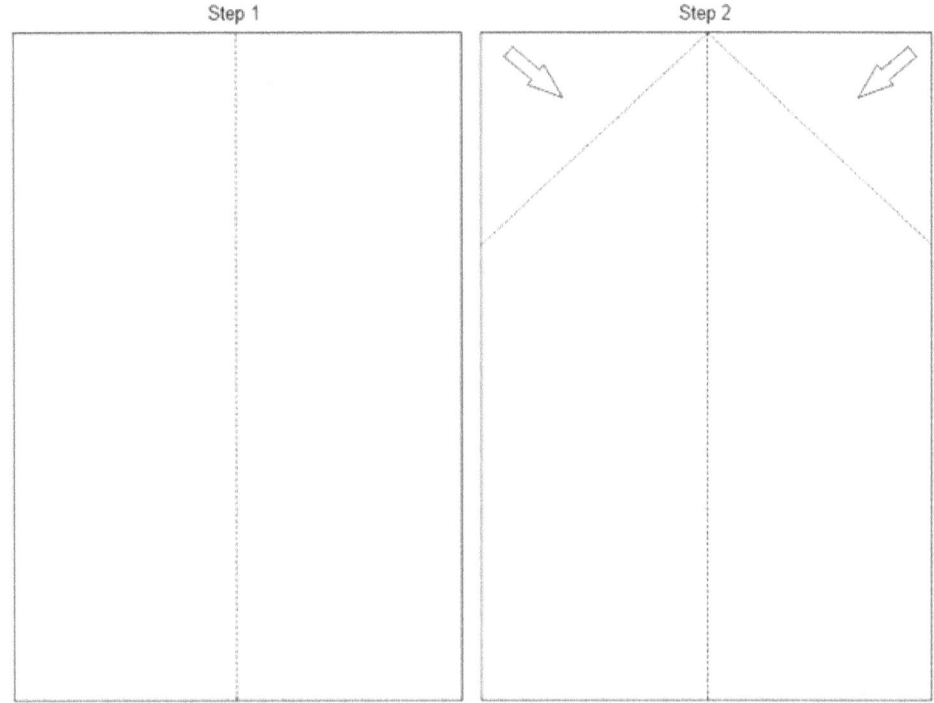

2. Dobla las esquinas superiores de tu papel hasta que toquen el pliegue que acabas de crear, como se muestra en el Paso 2.

3. Vuelve a doblar las dos solapas, esta vez en diagonal, como se muestra en el Paso 3. Tu hoja de papel debe verse como la de la imagen de la derecha cuando hayas terminado.

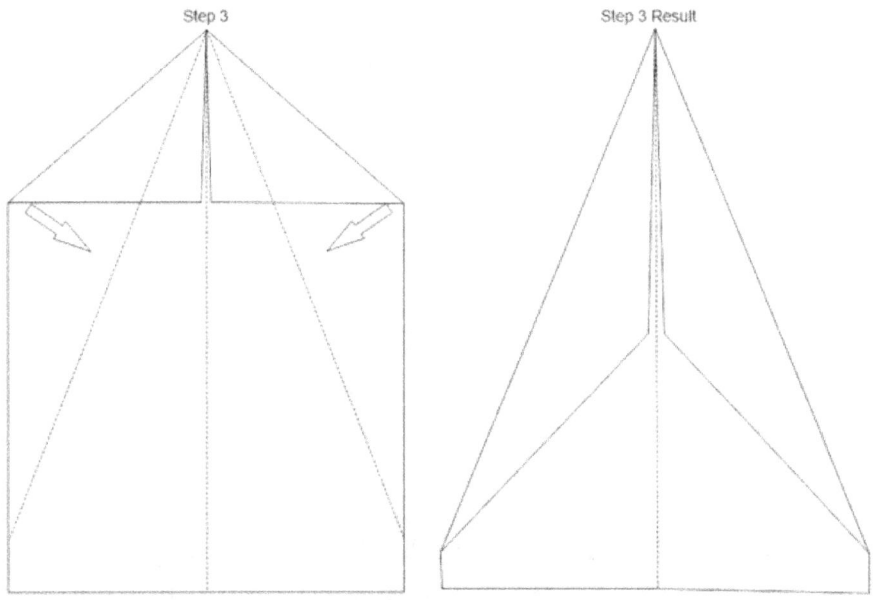

4. Dobla el papel por la mitad juntando los dos bordes exteriores para que tu avión se vea como el de la imagen de abajo.

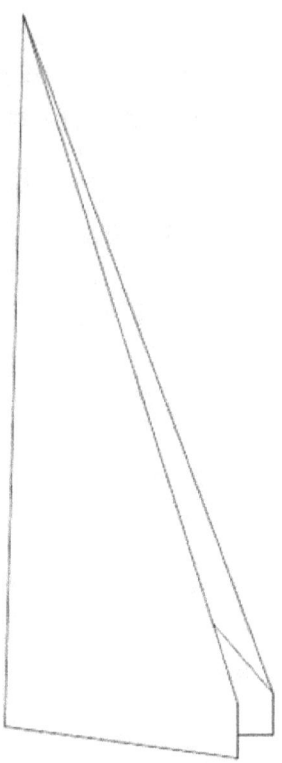

5. Dobla cada lado para que el borde superior se encuentre con el borde inferior. Este proceso creará las alas para tu avión. Tu avión de papel ahora está terminado. Cuando se observa desde arriba, debe verse como se muestra a continuación.

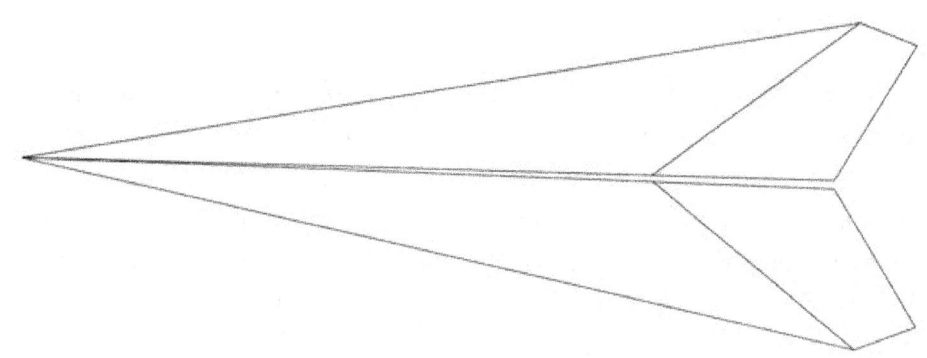

El Estable

Este avión es un poco más complejo en comparación con los dos anteriores. Sin embargo, como su nombre lo indica, es muy estable y si lo construyes correctamente, puedes lograr mucha distancia con este avión. Incluso puedes conseguir que el avión realice algunas acrobacias emocionantes doblando ligeramente las secciones traseras de las alas hacia arriba. Hacer esto también reduce las posibilidades de que el avión se detenga después de lanzarlo al aire.

Instrucciones de Plegado

1. Como ya estarás acostumbrado, comienza doblando una hoja de papel a la mitad y luego desdóblala para crear un pliegue, como se muestra en el Paso 1.

2. Dobla las esquinas superiores hasta que toquen el pliegue que acabas de crear, como se muestra en el Paso 2.

3. La parte superior de tu papel ahora parece un triángulo. Dobla el triángulo hacia abajo, hacia el centro del papel, de modo que el papel se vea casi como un cuadrado. Debe parecerse al de la imagen que se muestra en la siguiente página.

4. Dobla las esquinas superiores diagonalmente hacia el centro, pero no permitas que se junten en el pliegue. Deja un pequeño espacio entre las esquinas y el pliegue central, de aproximadamente un centímetro de longitud. Tu papel ahora

debería verse como el de la imagen que se muestra a continuación.

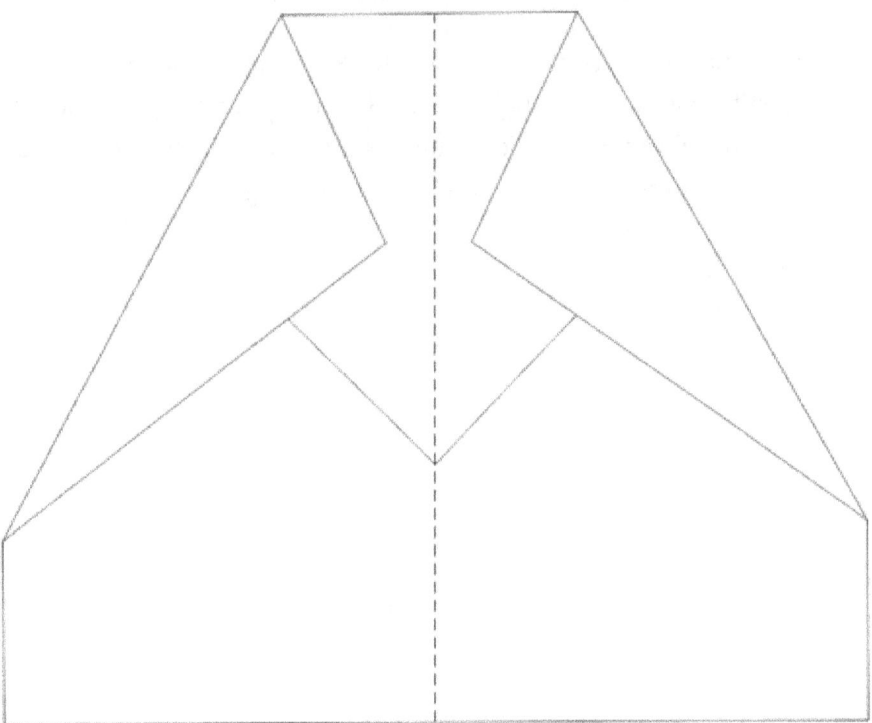

5. Dobla el triángulo en el centro hacia arriba para que mantenga las dos solapas laterales en su lugar, como se muestra a continuación.

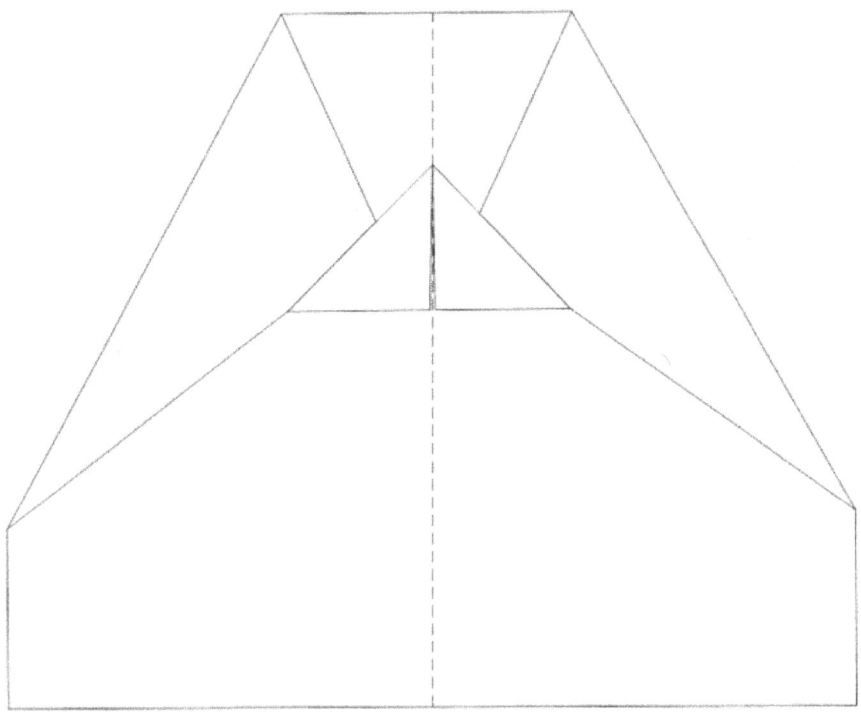

6. Dobla todo el avión por la mitad a lo largo del pliegue central. Tu avión ahora debería verse como el de la imagen en la siguiente página.

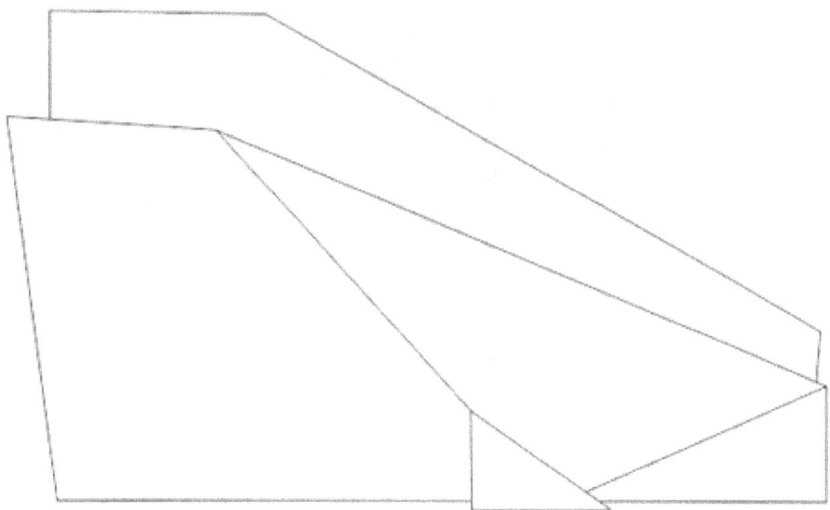

7. Finalmente, dobla los bordes superiores del papel hacia abajo para crear las alas. Haz tu pliegue aproximadamente a media pulgada de la parte inferior del avión. Tu avión debe parecerse al que se muestra a continuación. ¡Ya estás listo para lanzar tu avión al aire!

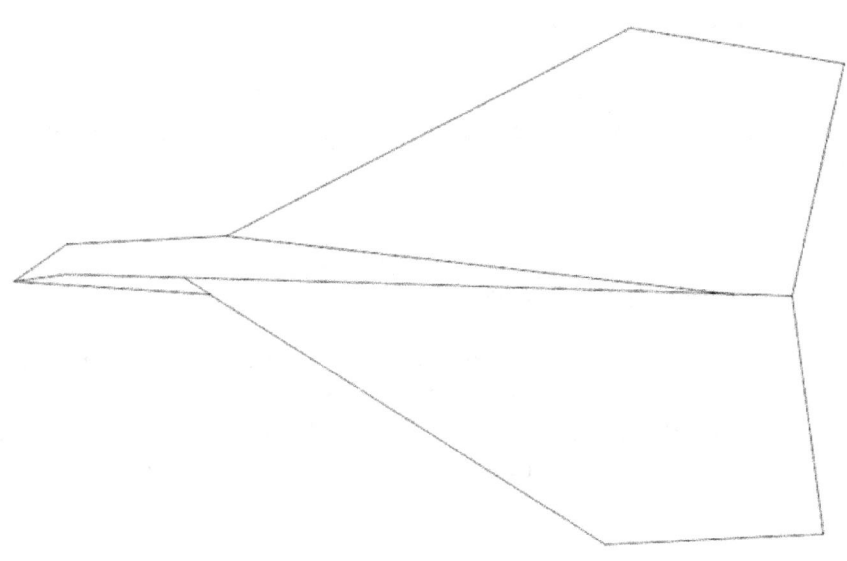

La Sombra

La sombra es un avión de papel fácil de hacer que también se ve bien. Es un avión divertido que te gustará construir. También vuela muy bien.

Instrucciones de Plegado

1. Comienza colocando una hoja de papel rectangular de manera horizontal. Dóblala por la mitad a lo largo de una línea central que atraviese verticalmente el papel, luego desdóblala para que tengas un pliegue, como se muestra en la imagen de abajo.

2. Dobla la mitad derecha del papel a lo largo de una línea diagonal que va desde la parte superior del pliegue hasta la

esquina inferior derecha, como se muestra en la imagen de abajo.

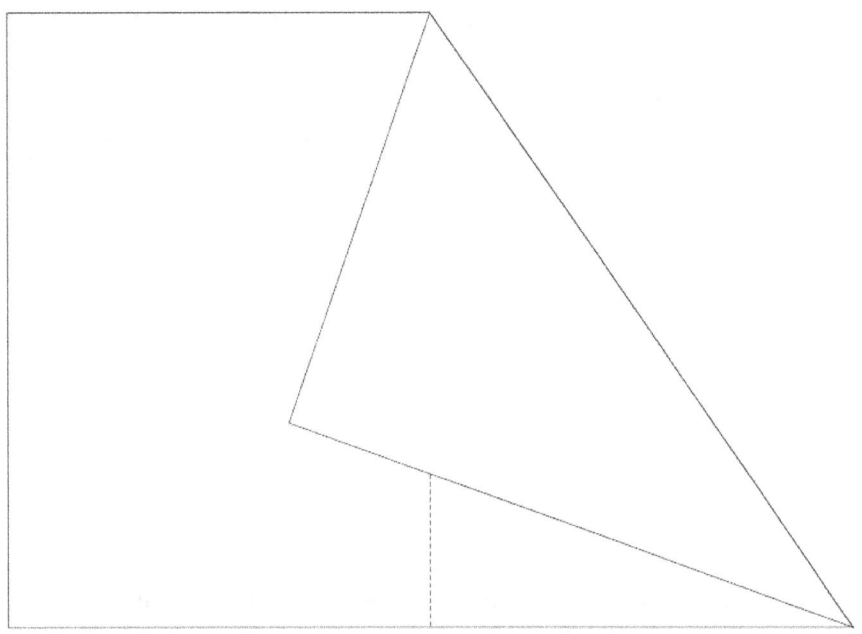

3. Repite el paso dos con el lado izquierdo, para que tu papel se vea como se muestra a continuación.

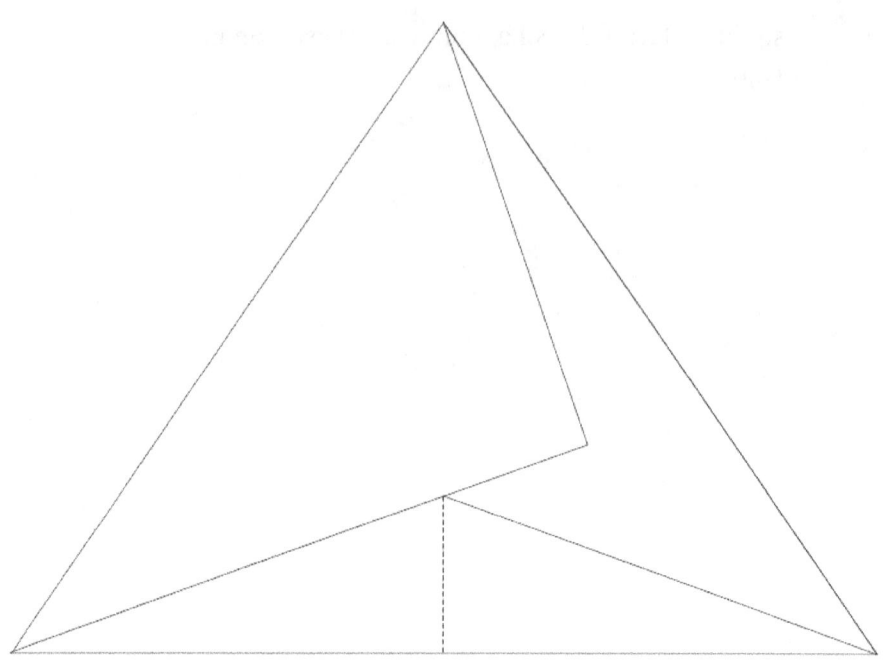

4. Dobla el papel por la mitad a lo largo del pliegue de la línea central para que el papel se vea como se muestra en la imagen de abajo.

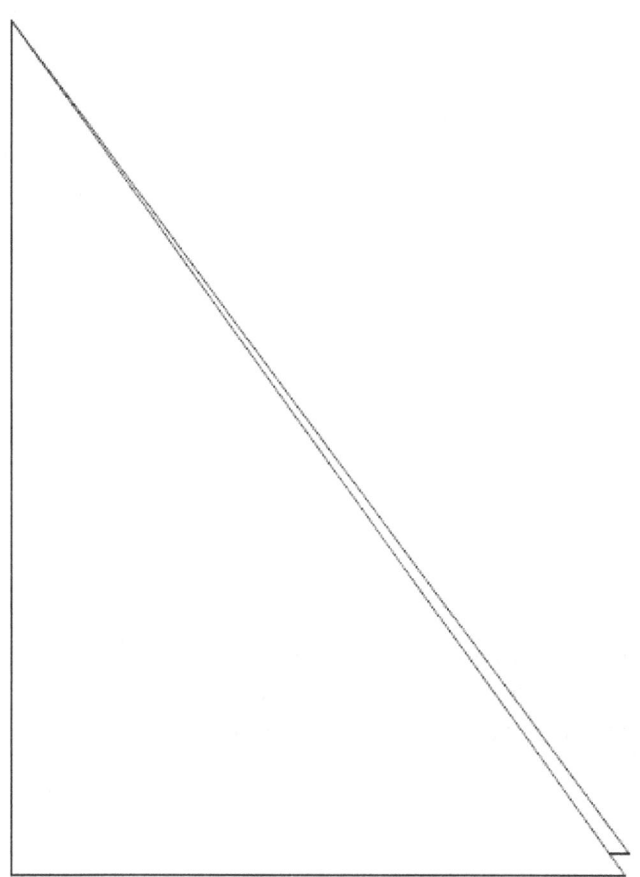

5. Gira el avión de modo que el vértice afilado apunte hacia tu izquierda. Dobla la solapa superior de modo que se alinee con el borde inferior del avión como se muestra a continuación. Esto formará un ala para tu avión.

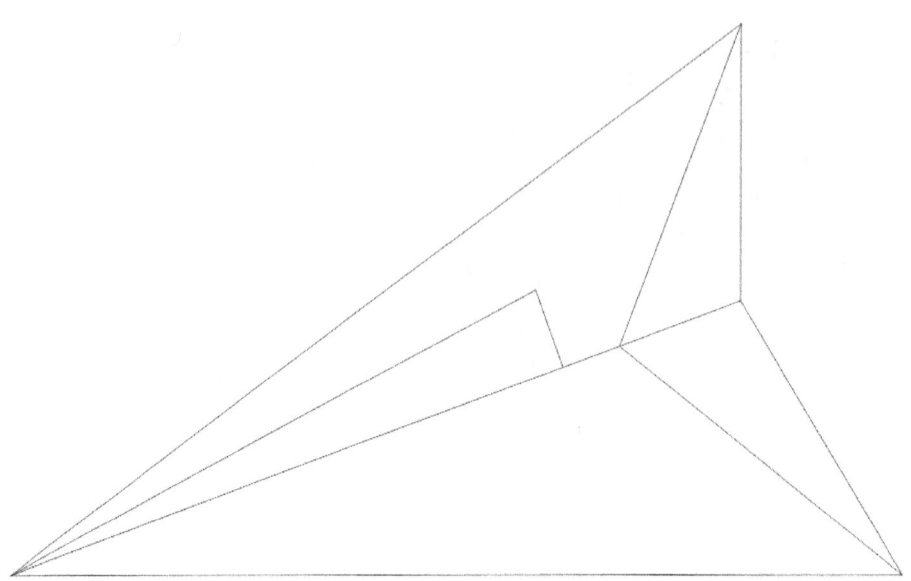

6. Repita el paso cinco con la otra solapa, teniendo cuidado de dejar la pequeña solapa triangular en el centro del avión que sobresale. Tu avión ahora debería verse como el de la imagen de abajo.

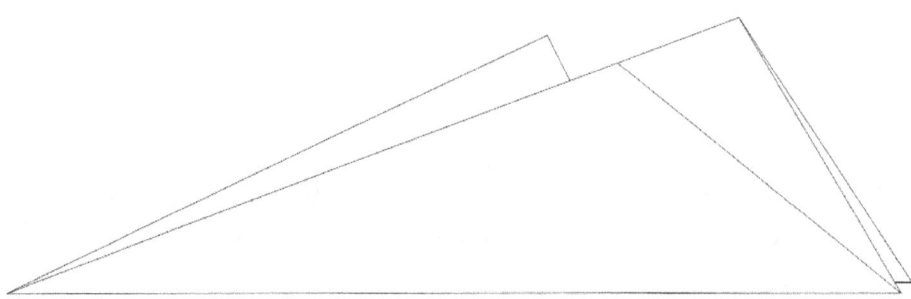

7. Dobla los bordes de las alas hacia arriba como se muestra a continuación para formar estabilizadores para tu avión.

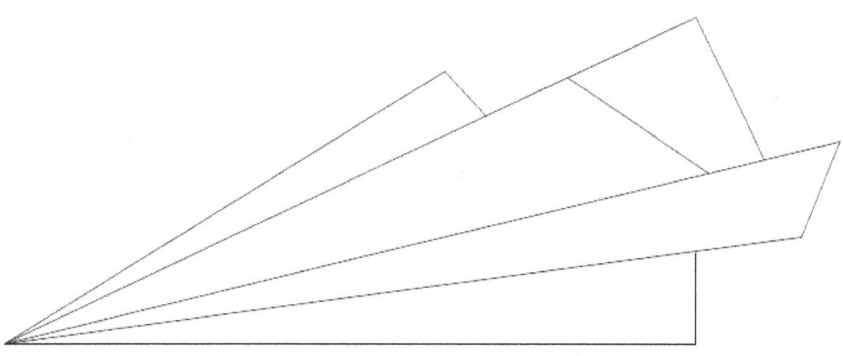

8. Abre las alas en preparación para el vuelo. Tu avión ahora debería verse como el de la imagen de abajo.

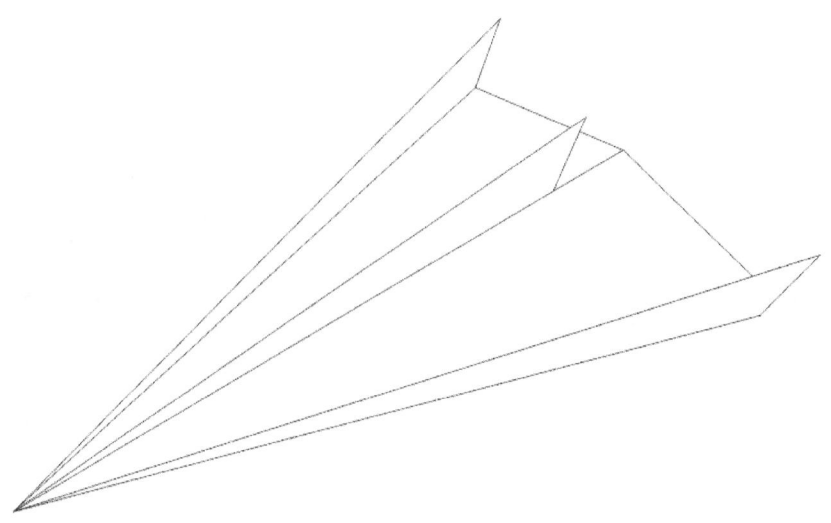

Avión de Bloqueo Inferior

Este es otro avión que es bastante fácil de hacer. La característica más importante del Avión de Bloqueo Inferior es la gran distancia que puede alcanzar. La mejor parte es que ni siquiera tienes que lanzarlo muy fuerte, por lo que es ideal incluso para los niños más pequeños.

Instrucciones de Plegado

1. Dobla una hoja de papel por la mitad y luego desdóblala para crear un pliegue a lo largo del centro, como se muestra en el Paso 1.

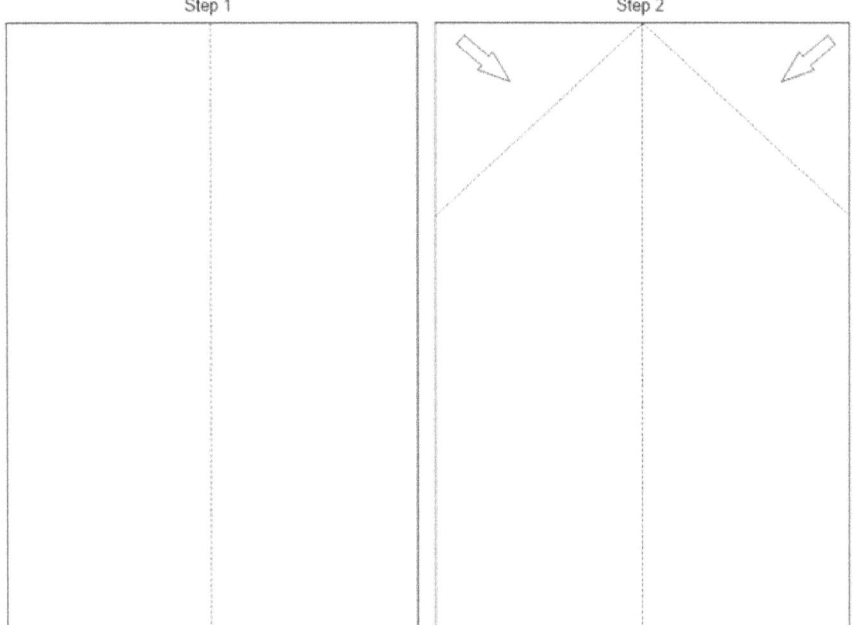

2. Dobla las esquinas superiores hacia el centro para que se encuentren en el pliegue, como se muestra en el Paso 2 anterior.

3. Dobla hacia abajo el triángulo creado en la parte superior del papel para que se vea como un sobre, como se muestra en la siguiente página. Deja un espacio de aproximadamente ¾ de una pulgada entre la punta del triángulo y el borde inferior.

4. Dobla las dos esquinas superiores diagonalmente hacia el centro, como se muestra a continuación.

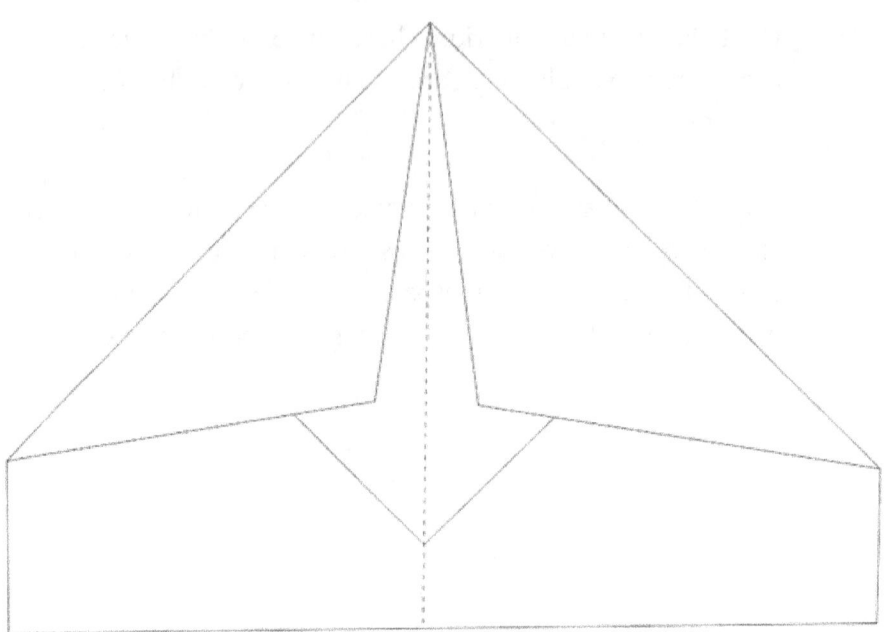

5. Dobla la punta del triángulo hacia arriba para que mantenga las dos solapas en su lugar, como se muestra en la siguiente página.

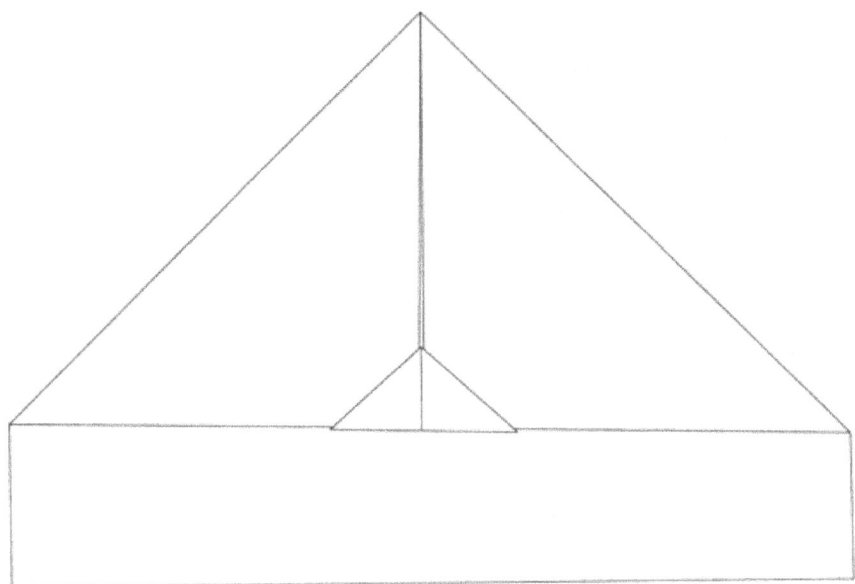

6. Dobla tu avión por la mitad a lo largo del pliegue original que hiciste. Tu avión ahora debería verse como el de la imagen de abajo.

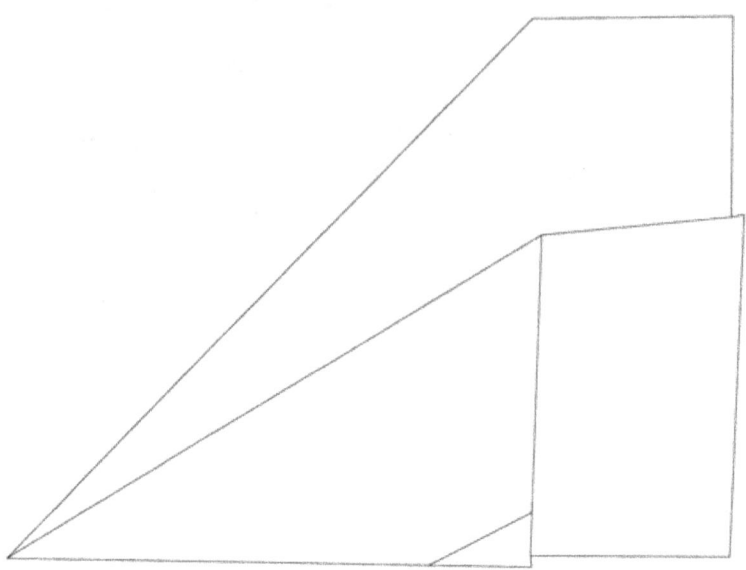

7. Dobla las solapas laterales hacia la parte inferior del avión para crear las alas. Luego, dobla el extremo de cada ala hacia arriba, aproximadamente a media pulgada de la punta del ala.

8. Finalmente, corta dos ranuras en la parte trasera de cada ala y dobla la sección de papel entre ellas hacia arriba. Tu avión ya está terminado. Debería verse como el de la imagen de abajo.

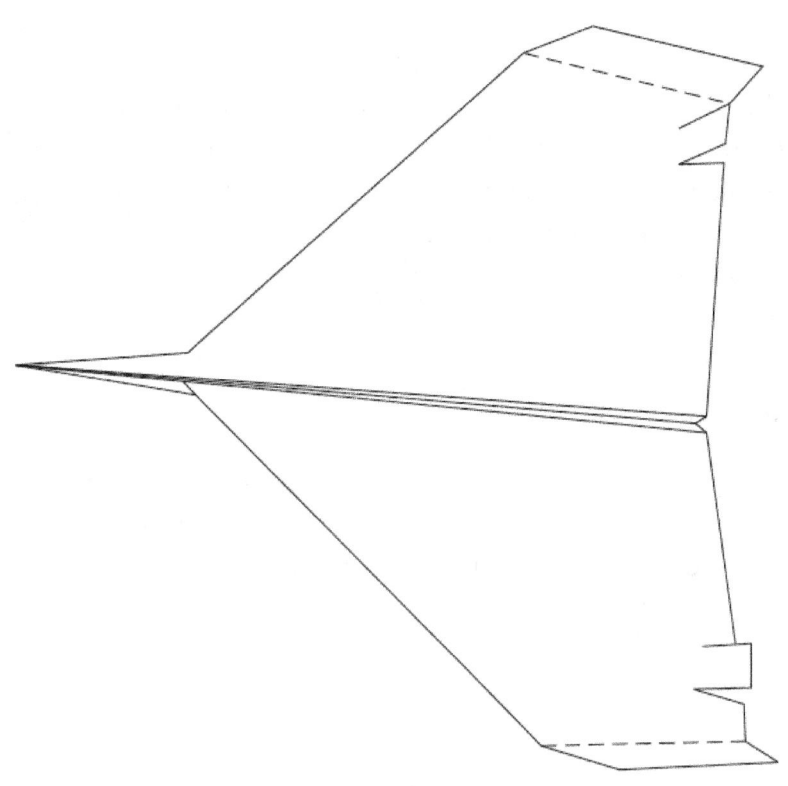

Barrena

El Barrena es otro avión de papel fácil de construir que tiene un diseño de cola único. Todos los aviones que has hecho hasta ahora típicamente vuelan en una trayectoria recta y aterrizan suavemente. Por otro lado, el Barrena gira en espiral a través del aire y aterriza en picada, ¡de ahí su nombre!

Instrucciones de Plegado

1. Comienza doblando la hoja de papel por la mitad y luego desdobla el papel de manera que quede un pliegue que se extienda de arriba a abajo, como se muestra en el Paso 1.

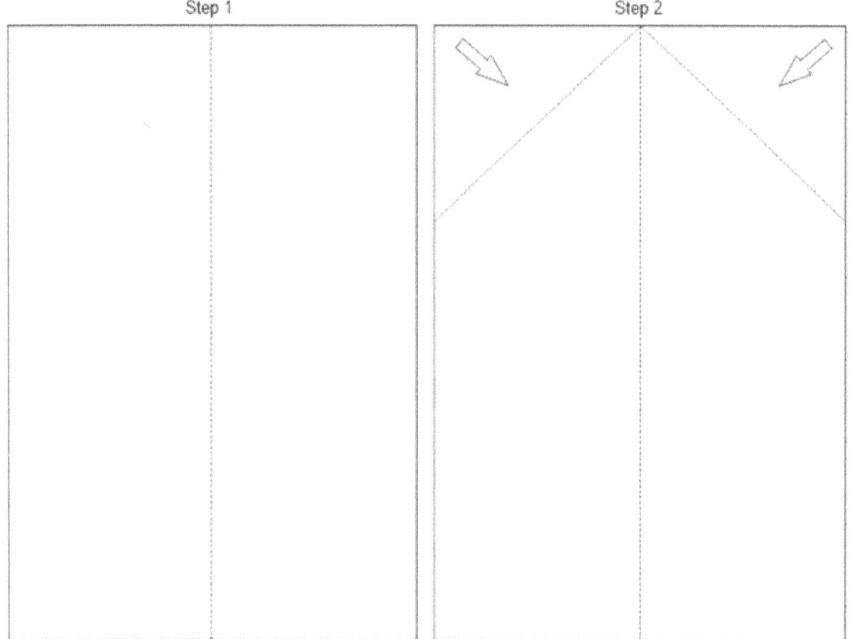

2. Dobla las dos esquinas superiores de tu papel hacia el pliegue en el centro, como se muestra en el Paso 2.

3. Dobla las nuevas esquinas superiores hacia el centro para que se encuentren en el medio y la hoja de papel se vea como la de la imagen que se muestra en la siguiente página.

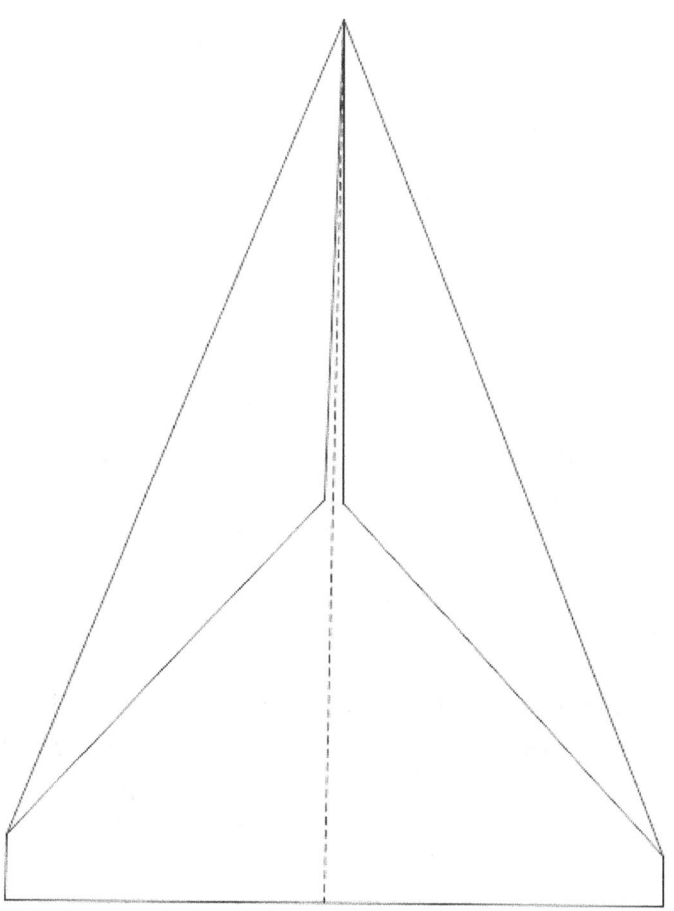

4. Aproximadamente a una pulgada de la parte superior, dobla la punta de tu avión hacia abajo. Tu avión debería verse como el de la imagen que se muestra en la siguiente página.

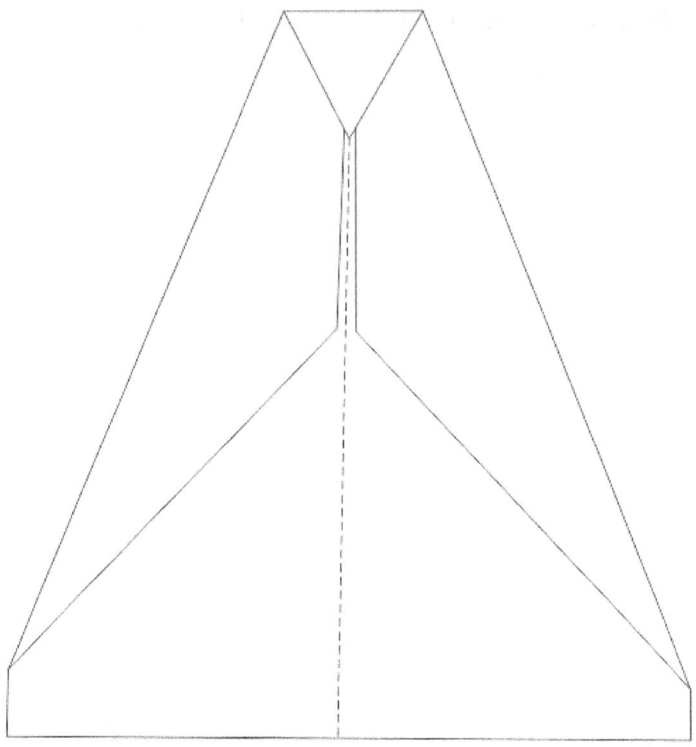

5. Ahora dobla tu avión por la mitad a lo largo del pliegue que recorre el centro para que se parezca al de la imagen de abajo.

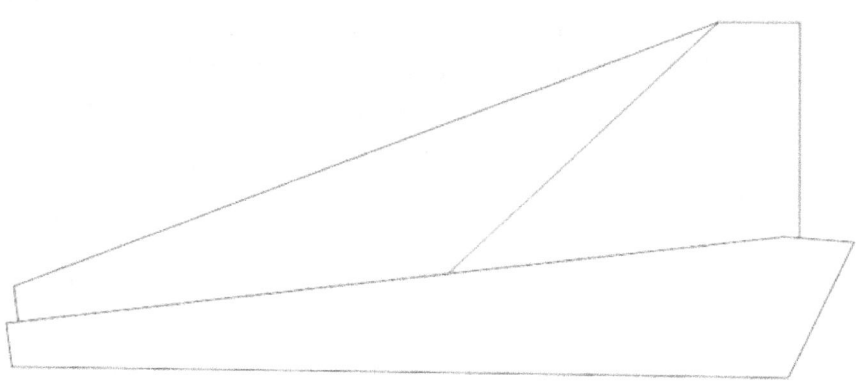

6. Dobla las solapas laterales hacia abajo y hacia el borde inferior para crearle las alas a tu avión. Alinea el borde de cada ala con el borde inferior del avión para asegurarte de que estén parejos. Tu avión ahora debería verse como el de la imagen de abajo.

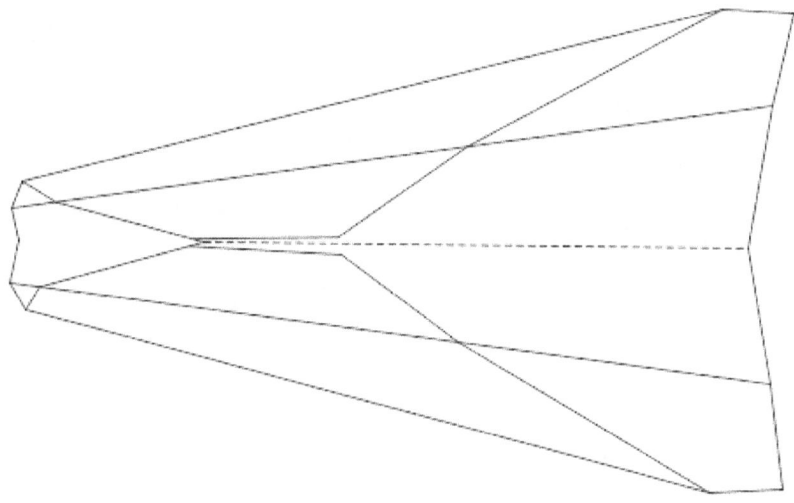

7. Finalmente, dobla la punta trasera de un ala hacia arriba y la otra hacia abajo para crear el diseño especial de la cola. Tu avión ya terminado debe verse como el de la imagen de abajo. ¡Ahora puedes disfrutar viendo tu avión en espiral a través del aire!

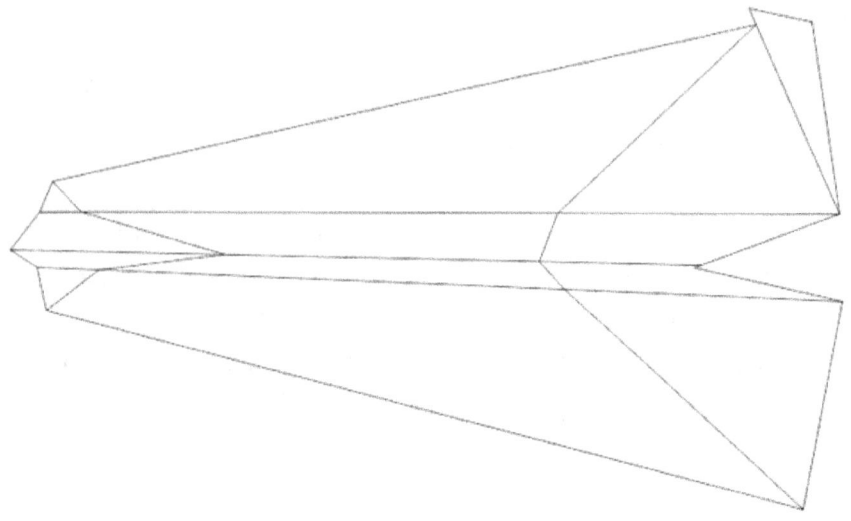

La Flecha

La Flecha es un avión que está diseñado para la velocidad. Construir la Flecha es muy fácil y se puede hacer en menos de un minuto. El diseño de la Flecha incluye "elevadores", que te ayudan a controlar el ángulo en el que volará tu avión.

Instrucciones de Plegado

1. Dobla una hoja de papel por la mitad verticalmente. Luego desdobla el papel de modo que quede un pliegue en el centro del papel, como se muestra en el Paso 1.

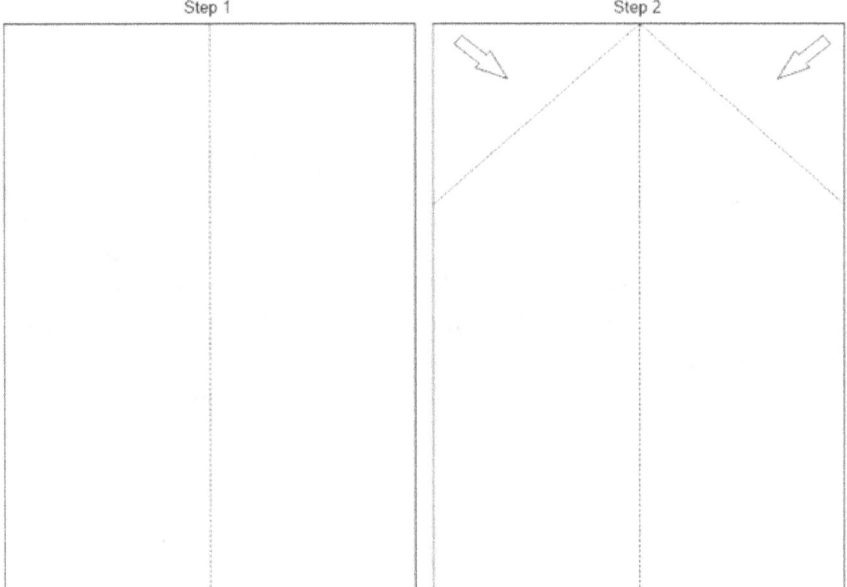

2. Dobla las dos esquinas superiores hacia el pliegue en el centro, como se muestra en el Paso 2. Deben encontrase en el pliegue.

3. Doble las nuevas esquinas superiores del papel hacia abajo para que se junten en el pliegue central y obtenga la forma que se muestra en el Paso 3 de la siguiente página.

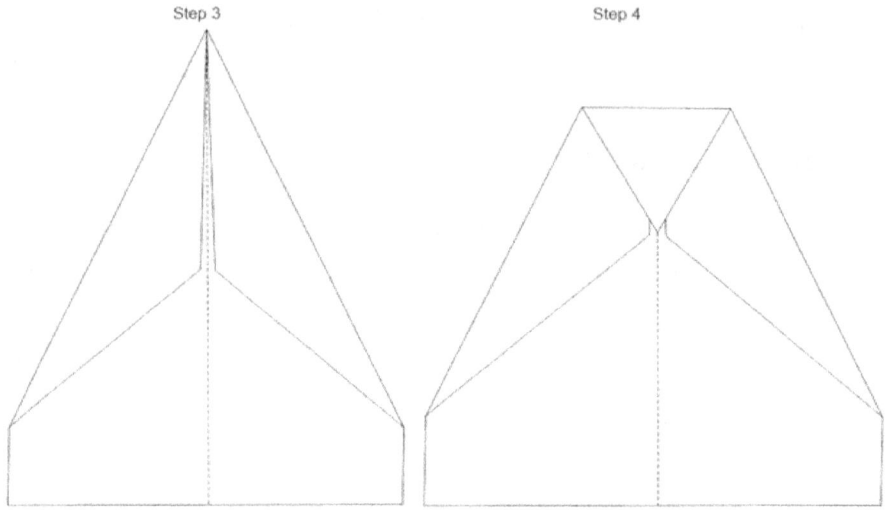

4. Dobla la punta de tu avión hacia abajo para que toque donde se encuentran las otras dos puntas, como se muestra en el Paso 4.

5. Dale la vuelta al avión y luego dóblalo por la mitad a lo largo del pliegue central. Esto dará como resultado la forma que se muestra en el Paso 5.

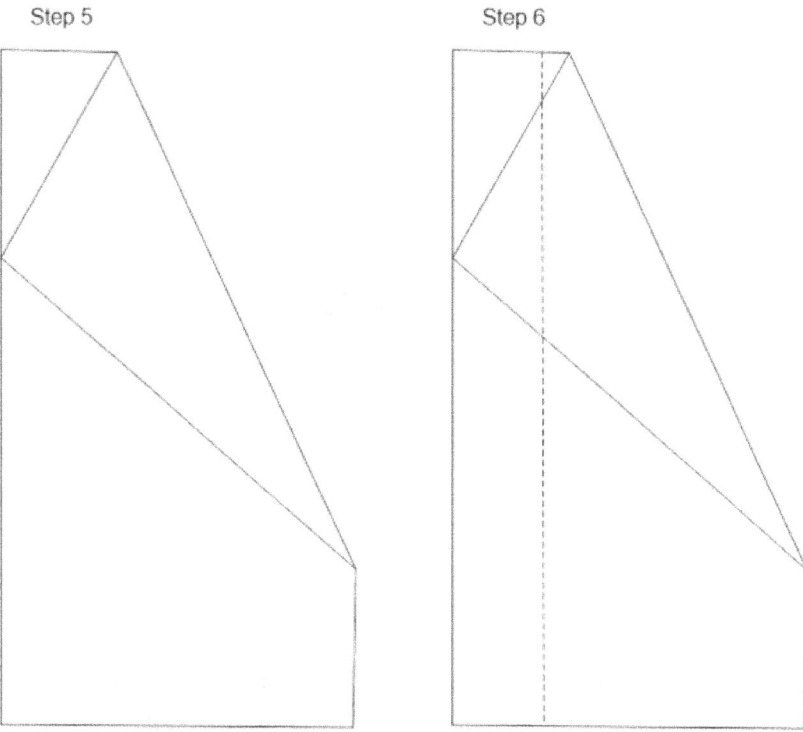

6. Dobla las solapas laterales hacia abajo a lo largo de la línea de puntos que se muestra en el Paso 6 para crearle las alas a tu avión.

7. Finalmente, con una tijera, corta dos ranuras en el extremo de la cola de cada una de las alas de tu avión, separadas aproximadamente por una pulgada. Levanta la sección de papel entre las dos ranuras para que actúen como ajustes de elevación para tu avión. ¡Intenta experimentar cómo las diferentes posiciones de los elevadores afectan la trayectoria de vuelo de tu avión!

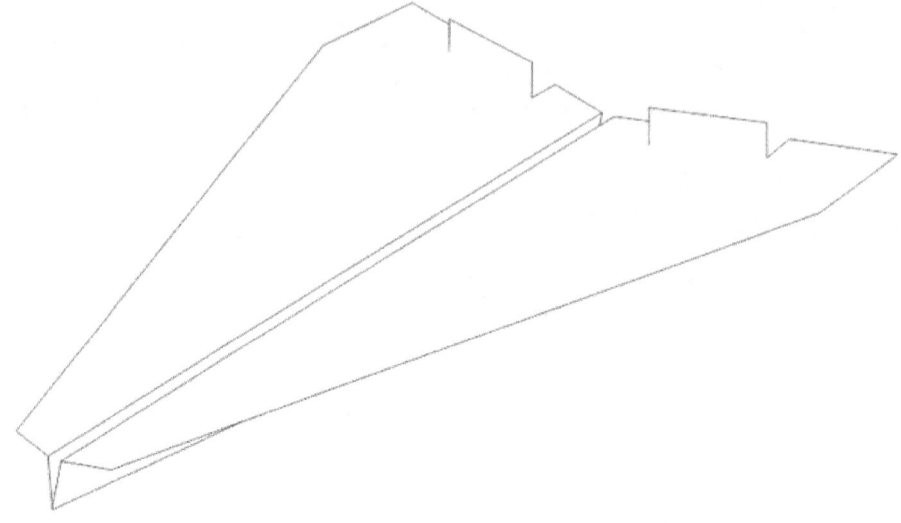

Además, puedes inclinar las alas de tu avión ligeramente hacia arriba para que se vea como una letra "Y" cuando se observa desde atrás. Hacer esto hará que el vuelo de tu avión sea más suave y más rápido.

El Planeador de la Realeza

Este es un avión de papel que es bastante fácil de construir y estará listo para despegar en menos de un minuto. El Planeador de la Realeza está construido para la distancia y el tiempo de vuelo.

Instrucciones de Plegado

1. Comienza doblando tu hoja de papel por la mitad horizontalmente. Luego, desdobla el papel para que quede un pliegue horizontal, como se muestra a continuación.

2. Dobla el borde superior hacia abajo para que se alinee con el pliegue de la línea central, como se muestra a continuación.

3. Una vez más, dobla la parte superior del papel hacia abajo con el pliegue de la línea central como referencia, como se muestra en la imagen de abajo.

4. Dobla las esquinas superiores hacia abajo para que coincidan con la línea horizontal en el centro, como se muestra a continuación.

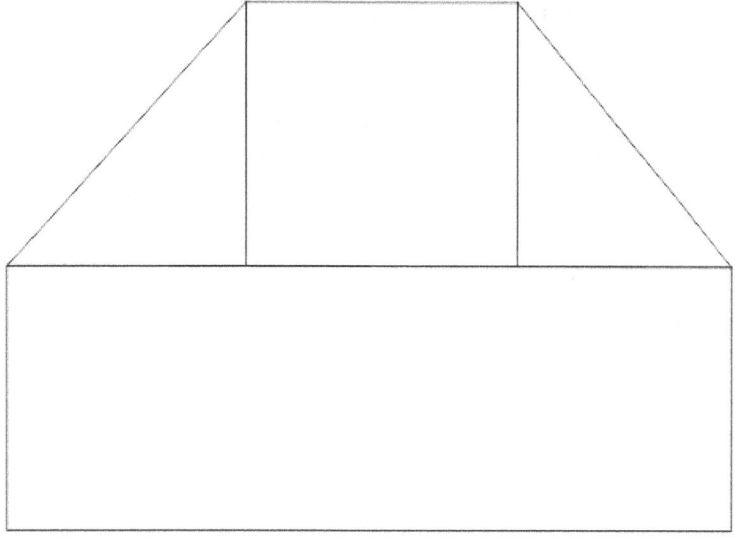

5. Dobla el borde superior hacia abajo para que toque la línea en el centro, como se muestra a continuación.

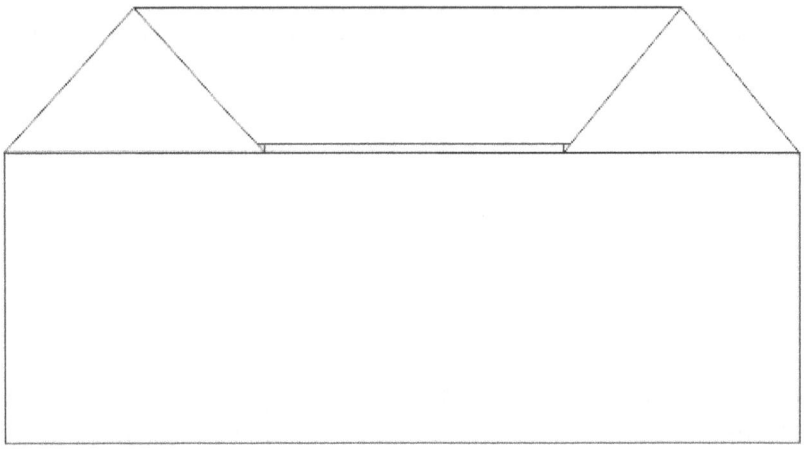

6.   Da la vuelta al papel y dóblalo por la mitad horizontalmente, de modo que quede como el de la imagen de abajo.

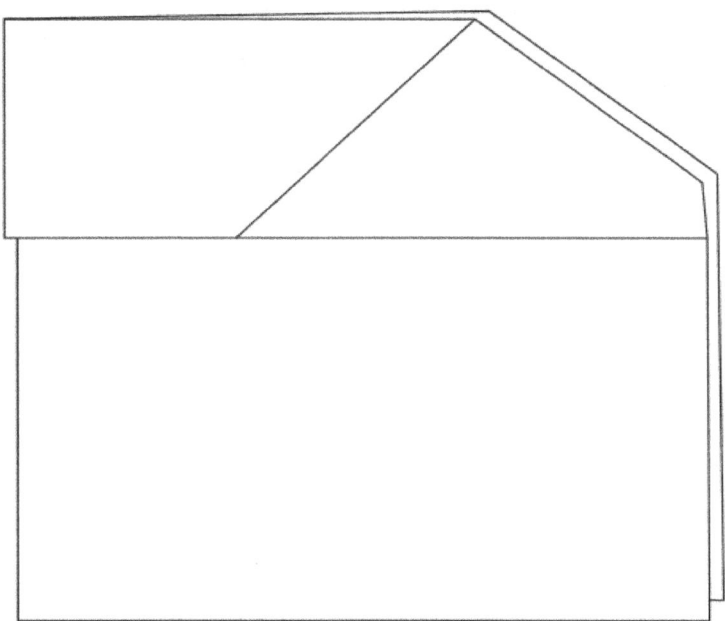

7.	Dobla la solapa superior aproximadamente a media pulgada del borde izquierdo para crear un ala para tu avión. El avión ahora debería verse como el de la imagen de abajo.

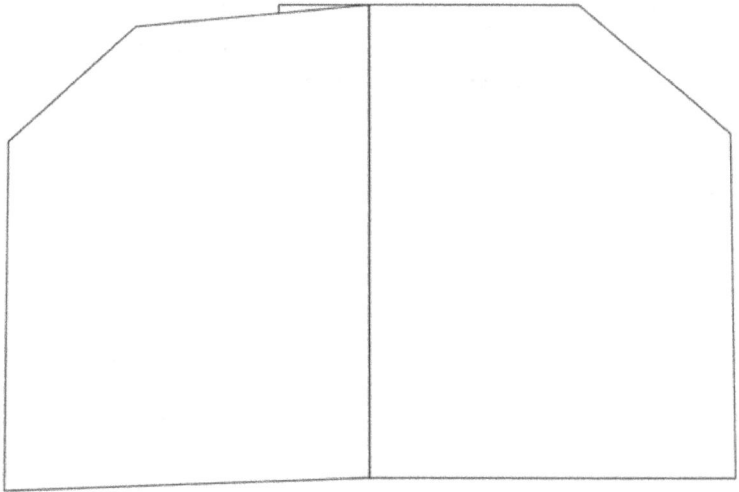

8. Repite el paso anterior con la otra solapa para crear la otra ala para tu avión, de modo que se vea como se muestra a continuación.

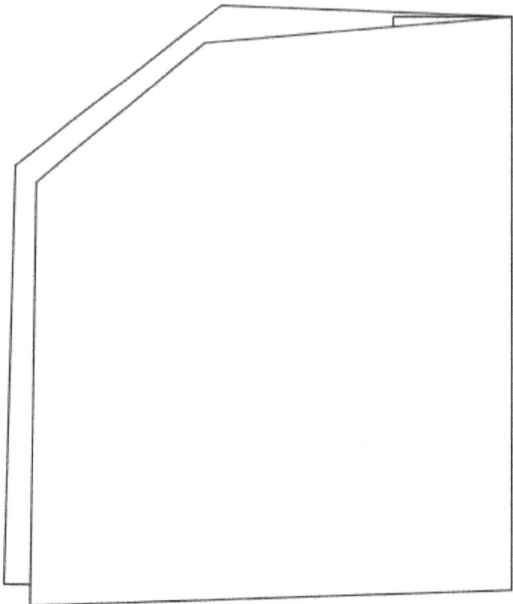

9. Dobla las puntas de las alas aproximadamente a media pulgada de la parte superior para crear estabilizadores para tu avión, como se muestra a continuación.

10. Abre las alas. El Planeador de la Realeza ya terminado debe verse como el de la imagen de abajo.

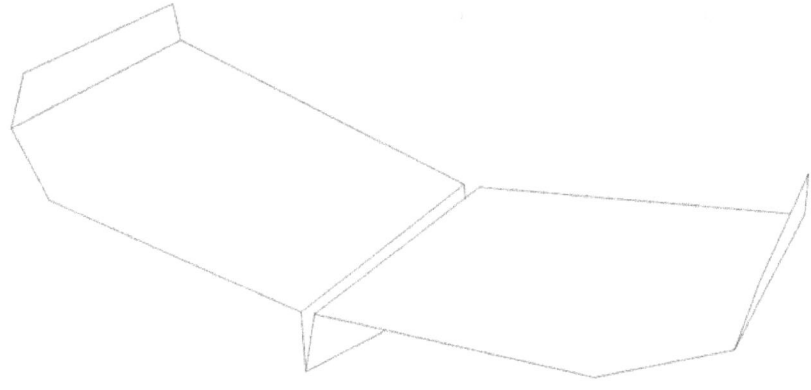

Capítulo Tres: Diseños de Aviones de Papel Intermedios

En este capítulo, echamos un vistazo a los diseños de aviones de papel que pueden ser un poco más avanzados que los diseños que vimos en el capítulo anterior, aunque aún son relativamente fáciles de construir. Los diseños de los que hablaremos en esta sección son la manera perfecta de desarrollar tu confianza antes de pasar a diseños más avanzados.

El Canard (pato en francés)

El Canard es un avión bastante fácil de hacer con un diseño muy singular. Este avión es muy estable en vuelo y te dará un tiempo de vuelo increíble.

Instrucciones de Plegado

1. Comienza doblando tu hoja de papel por la mitad verticalmente. Desdóblala para que quede un pliegue, como se muestra a continuación.

2. Dobla el papel hacia abajo de manera que aproximadamente un tercio del papel quede en la parte inferior, como se muestra a continuación.

3. Dobla la esquina superior derecha en diagonal hacia adentro del papel, como se muestra a continuación.

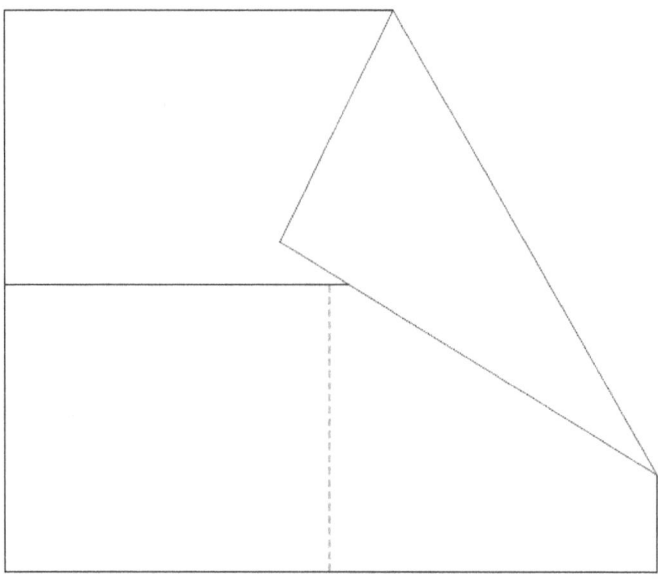

4. Repite el paso 3 con la esquina superior izquierda, como se muestra a continuación.

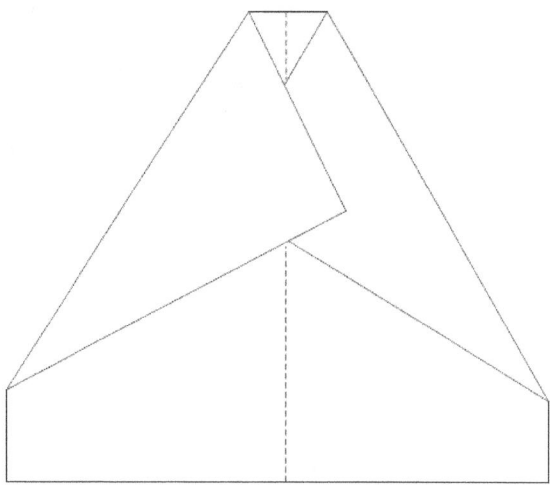

5. Dobla las esquinas de las solapas que acabas de crear hacia afuera, como se muestra en la siguiente página.

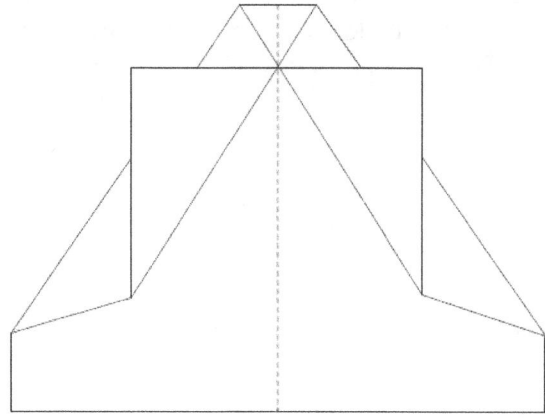

6. Dobla el avión por la mitad a lo largo del pliegue de la línea central, para que se vea como el de la imagen de abajo.

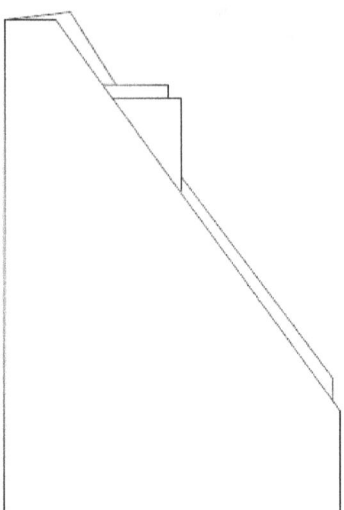

7. Dobla la parte superior de la solapa exterior aproximadamente a media pulgada del borde inferior, para crear un ala para tu avión. Tu avión ahora debería verse como el de la imagen de abajo.

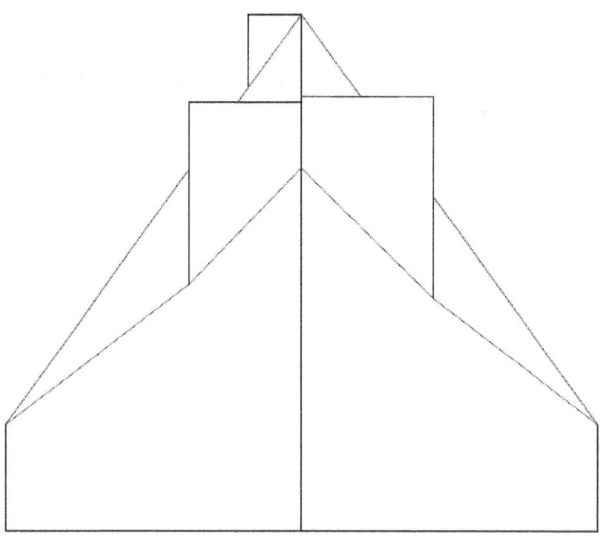

8. Dobla la otra solapa para crear una segunda ala para tu avión, de modo que se vea como se muestra a continuación.

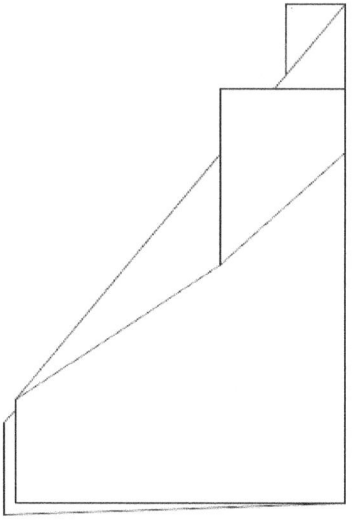

9. Abre las alas de tu avión. El Canard ya terminado debe verse como el de la imagen que se muestra a continuación.

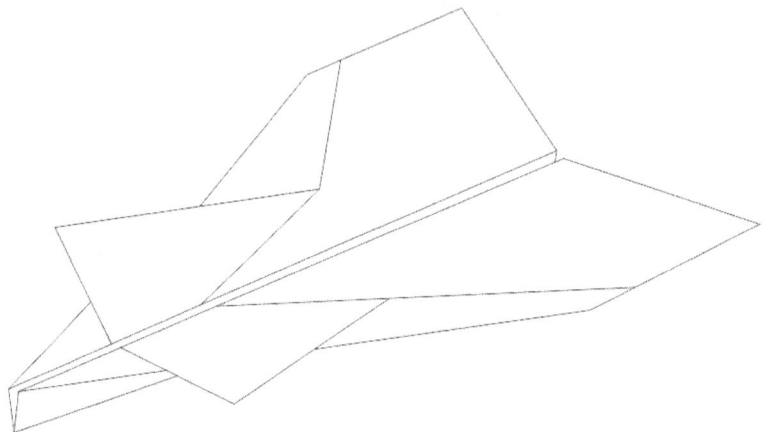

Despegue

Este es un avión que está diseñado para la distancia. Se lanza con mucha potencia y es el avión perfecto para ganar competiciones a distancia contra otros pilotos de aviones de papel.

Instrucciones de Plegado

1. Como en la mayoría de los aviones que hemos construido hasta ahora, comienza este doblando tu papel por la mitad y luego desdoblándolo para crear un pliegue vertical, como se muestra en el Paso 1.

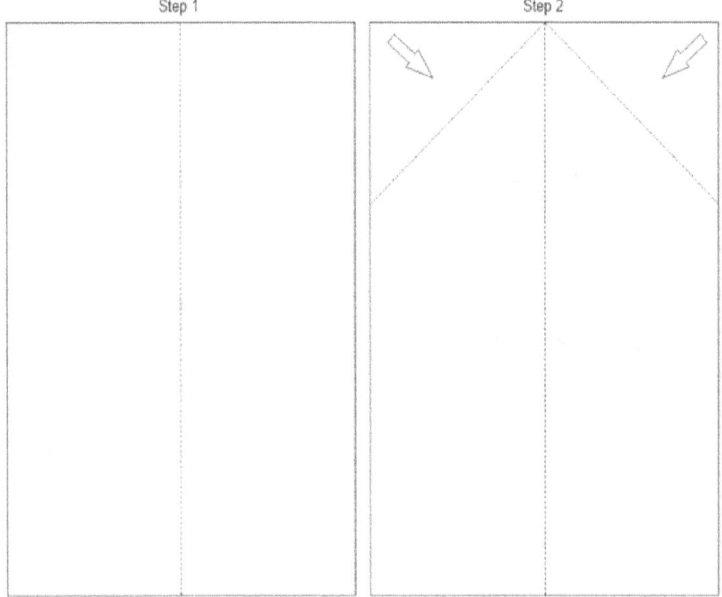

2. Dobla las esquinas superiores hacia el centro para que se encuentren en el pliegue, como se muestra en el Paso 2.

3. Aproximadamente a una pulgada de la parte superior, dobla la punta del avión hacia atrás. Esto creará una forma como la que se muestra en el Paso 3 de la siguiente página.

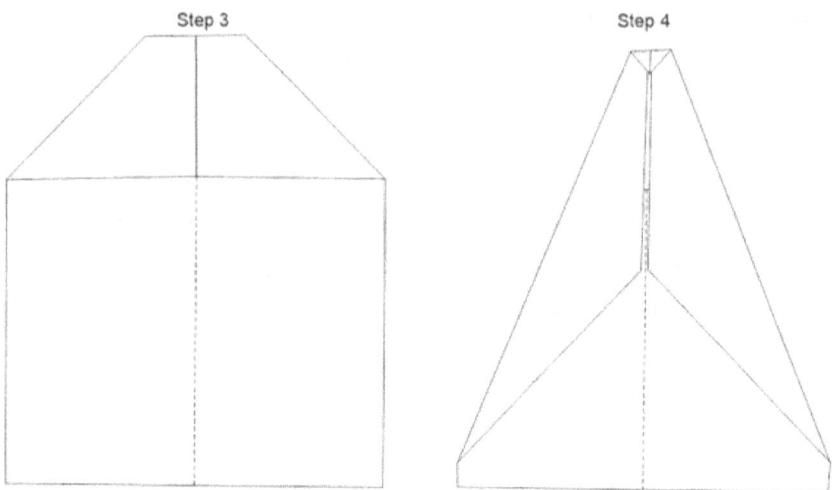

4. Dobla los bordes superiores hacia el pliegue central, como se muestra en el Paso 4 anterior.

5. Dobla tu avión por la mitad a lo largo del pliegue central, como se muestra en el Paso 5 a continuación.

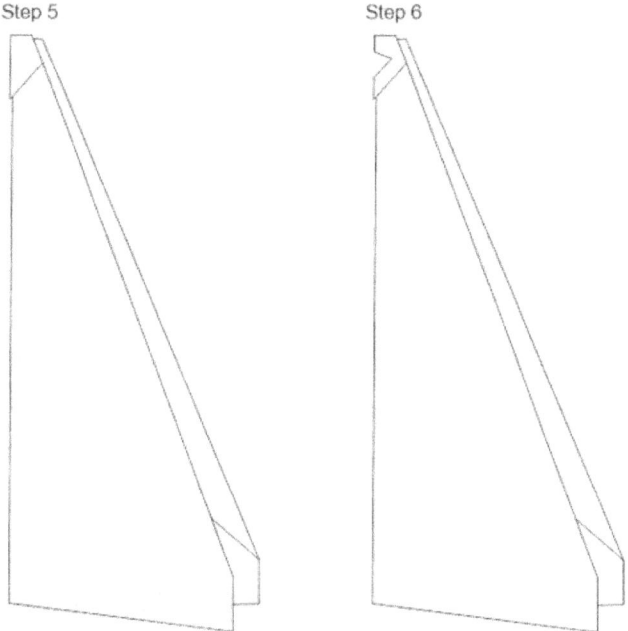

6. Utilizando una tijera, recorta un triángulo pequeño de la punta de tu avión, como se muestra en el Paso 6.

7. Dobla las solapas laterales hacia abajo y hacia el borde inferior para crearle las alas a tu avión. Tu avión debería verse como el de la imagen que se muestra a continuación. Nota que el avión tendrá un agujero cerca de su nariz.

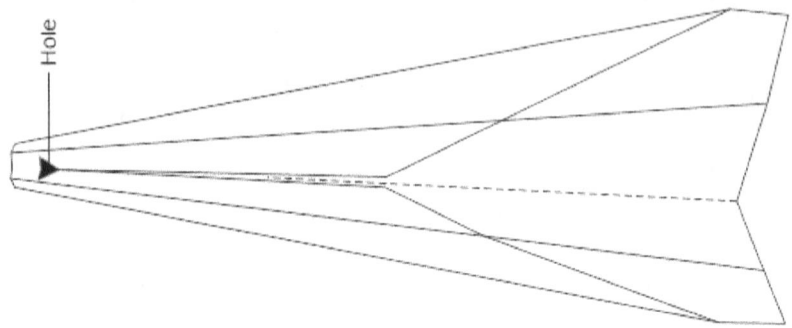

8. Asegura una banda elástica alrededor del corte en la nariz del avión (que se muestra a continuación) y utilízala para lanzar tu avión con fuerza a través de la habitación. Si sientes que la nariz no es lo suficientemente fuerte, puedes reforzarla con un trozo de cinta adhesiva para evitar que se rasgue al tirar de la banda elástica.

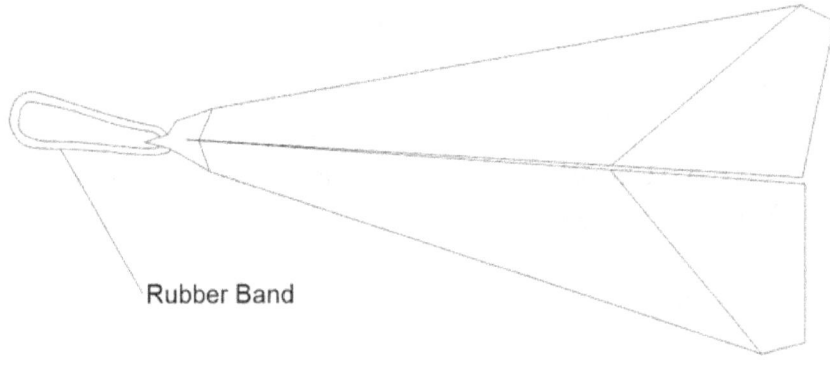

El Zumbido

Este es uno de los aviones más fáciles de construir en este capítulo. El Zumbido recibe su nombre del hecho de que se parece a una mosca. Este avión te dará grandes distancias y mucho tiempo de vuelo.

Instrucciones de Plegado

1. A diferencia de los aviones de papel que hemos hecho hasta ahora, usaremos una hoja cuadrada de papel para este avión en lugar de uno rectangular. Toma el papel y dóblalo por la mitad verticalmente y luego desdóblalo para crear un pliegue, como se muestra a continuación.

2. Dobla las dos esquinas superiores de la hoja de papel hacia abajo para que se junten en el pliegue que creaste, como se muestra en la siguiente página.

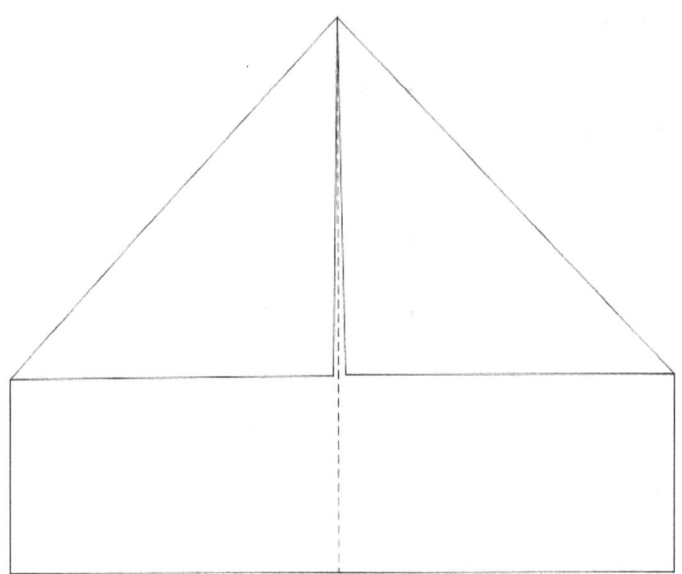

3. Dobla hacia abajo el triángulo creado en la parte superior del papel para que su punta se alinee con los bordes inferiores de las solapas que has creado. Tu hoja de papel ahora debería parecerse a la de la imagen de abajo.

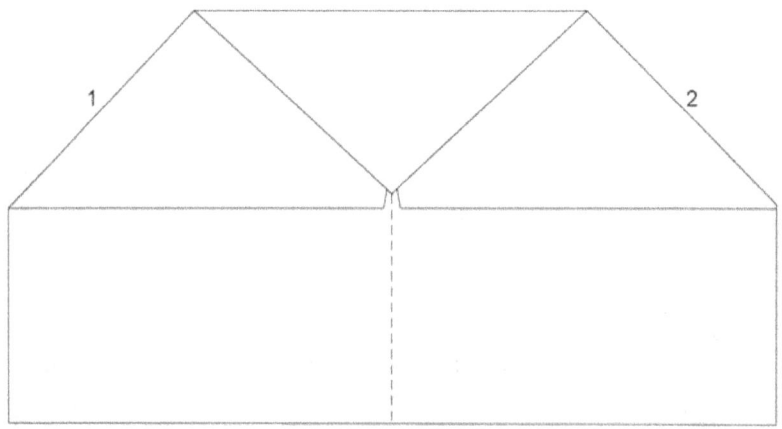

4. Dobla los bordes diagonales marcados con 1 y 2 en la imagen anterior para que se encuentren en el pliegue del centro del papel. La imagen de abajo muestra cómo debería verse cuando levantas las solapas que acabas de hacer.

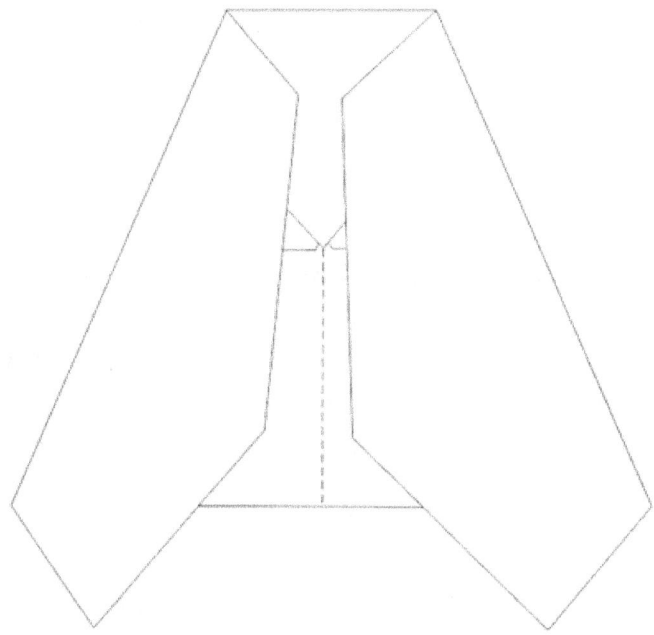

5. Aproximadamente a media pulgada de la parte superior, dobla hacia atrás.

6. Dobla el avión por la mitad a lo largo del pliegue central. En este punto, tu avión debe verse como el de la imagen que se muestra a continuación.

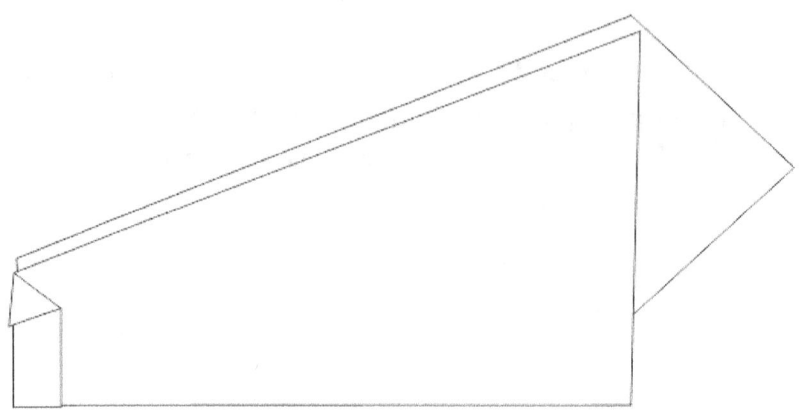

7. Dobla las solapas laterales para crearle las alas a tu avión. Haz el pliegue de las alas aproximadamente a media pulgada del borde inferior del avión. Si tienes problemas para mantener las alas juntas en el medio, puedes usar un trozo de cinta adhesiva para sujetarlas, como se muestra a continuación. ¡Tu avión ya está terminado!

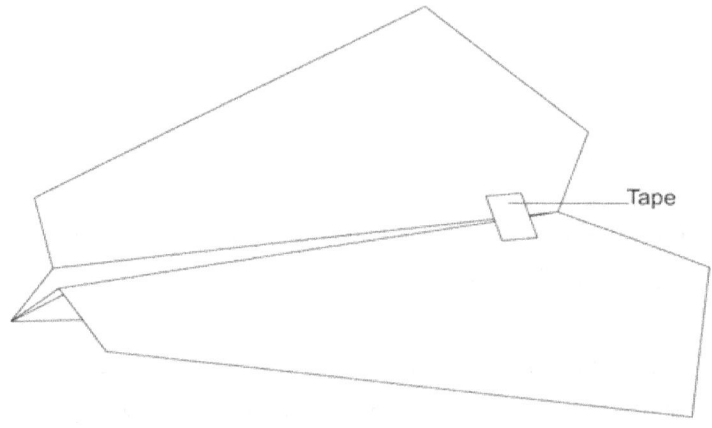

Además, puedes doblar los extremos de las alas de tu avión para controlar su vuelo. Si quieres que realice trucos y maniobras acrobáticas, dobla el extremo de la cola de un ala hacia arriba y el otro hacia abajo.

El Ala V

Este es otro avión de papel fácil de hacer que vuela suavemente y sin ruido como un avión espía. El Ala V te dará mucha distancia y tiempo de vuelo.

Instrucciones de Plegado

1. Al igual que el Zumbido, el Ala V requiere una hoja de papel cuadrada en lugar de una rectangular. Toma el papel y dóblalo por la mitad verticalmente y luego desdóblalo para crear un pliegue, como se muestra a continuación.

2. Dobla las dos esquinas superiores de la hoja de papel hacia abajo para que se junten en el pliegue que creaste, como se muestra a continuación.

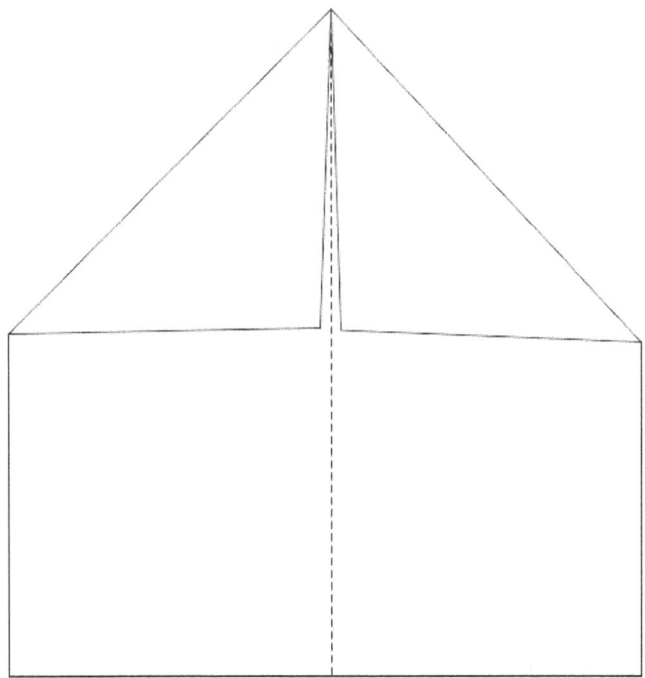

3. Dobla el vértice superior para que toque el punto donde se encuentran las dos solapas, como se muestra a continuación.

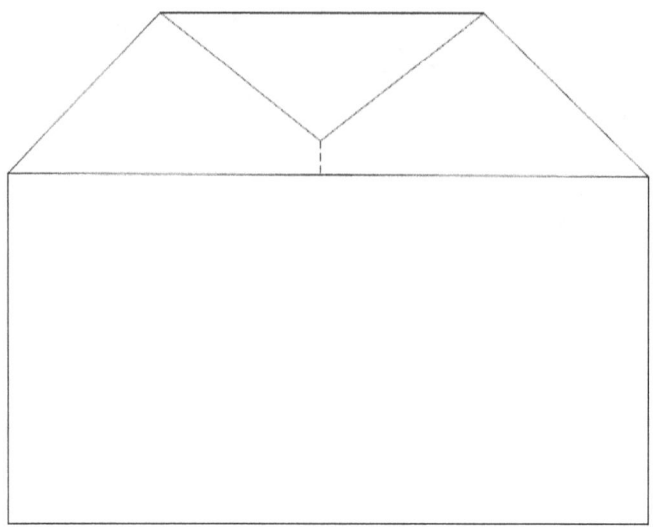

4. Una vez más, dobla las esquinas superiores del papel hacia el pliegue de la línea central como se muestra a continuación.

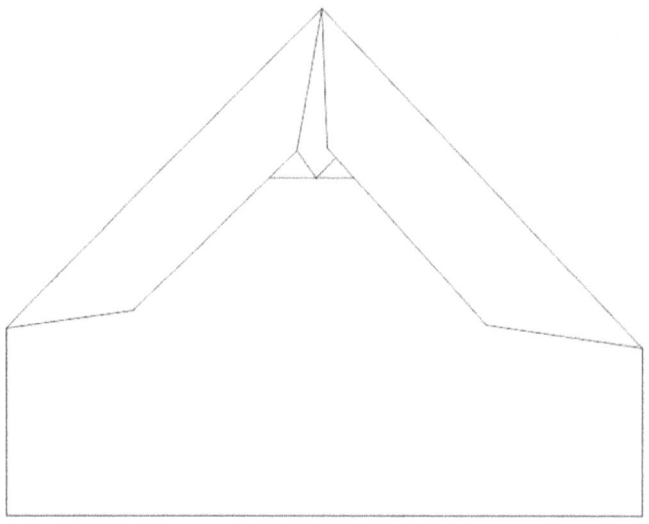

5. Dobla el avión por la mitad a lo largo del pliegue de la línea central para que se vea como se muestra en la siguiente página.

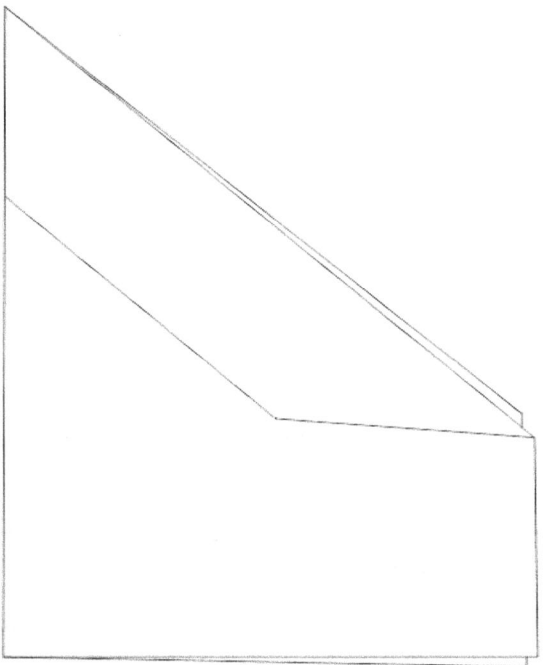

6. Dobla la solapa superior del plano para formar el ala, como se muestra a continuación.

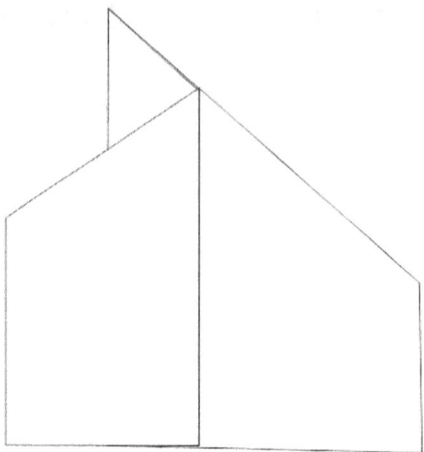

7. Repite el paso anterior con la otra solapa para crear la segunda ala.

8. Desdobla las alas. El Ala V ya terminado debe verse como el de la imagen de abajo.

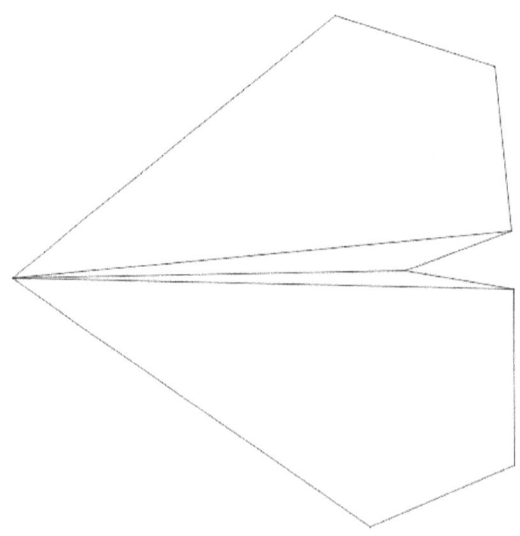

El Velocista

El Velocista es un avión que está diseñado para parecerse a un jet, aunque no vuela como un jet. Dependiendo de cómo lances el Velocista, sus alas podrían agitarse, afectando su vuelo. La mejor manera de lanzar el Velocista es lanzarlo suavemente. Es más conocido por su distancia y acrobacias.

Instrucciones de Plegado

1. Comenzando con una hoja de papel rectangular, dobla el papel de modo que la esquina superior izquierda toque la esquina inferior derecha, como se muestra en la imagen de abajo.

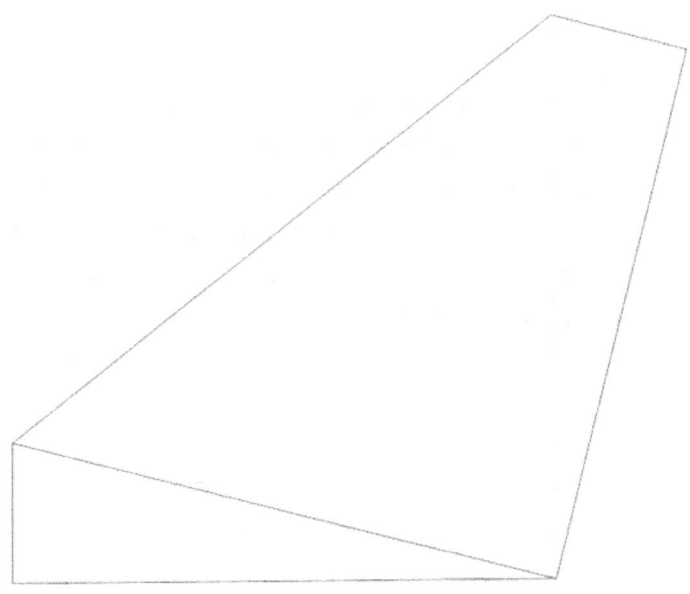

2. Dobla el borde diagonal aproximadamente a ¾ de pulgada de dicho borde, como se muestra en la siguiente página.

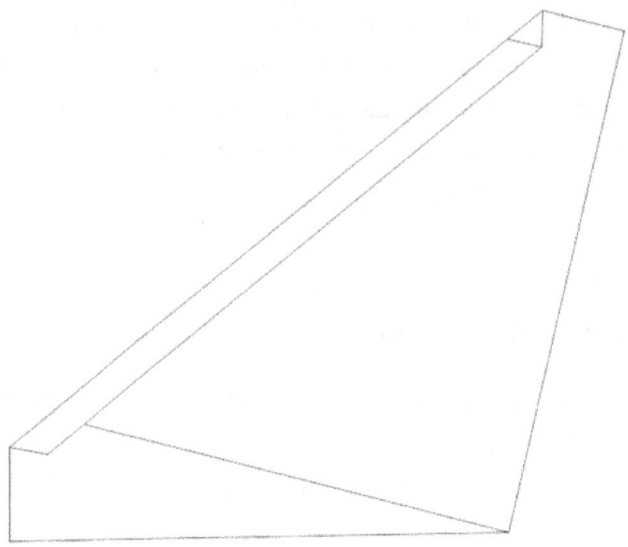

3. Dobla el papel por la mitad diagonalmente hacia ti, de modo que la esquina superior derecha se encuentre con la esquina inferior izquierda. Luego, gira el papel de modo que los dos bordes con la pieza extra doblada queden orientados hacia arriba y hacia la izquierda. Tu papel debe parecerse al que se muestra a continuación.

4. Dobla la solapa superior diagonalmente por la mitad, como se muestra en la imagen de abajo.

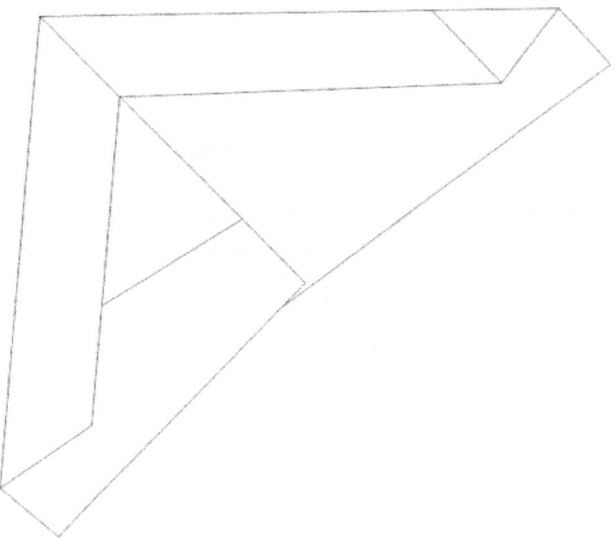

5. Dobla la otra solapa hacia abajo en la dirección opuesta. A estas alturas, tu avión debería verse como se muestra en la siguiente página.

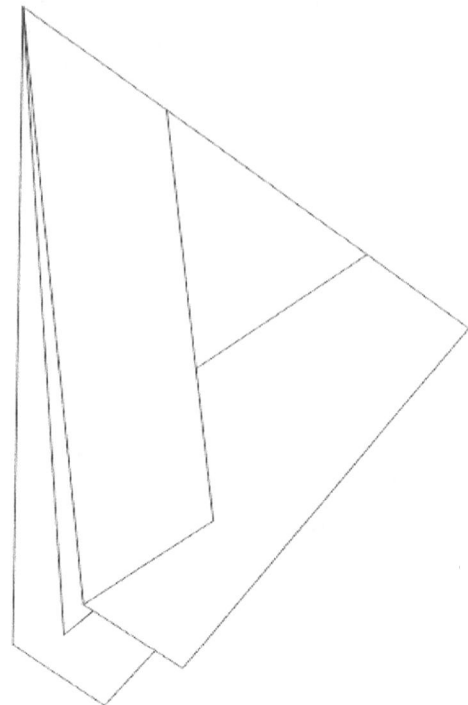

6. Dobla la solapa superior hacia abajo para formar un ala. Este pliegue debe ser de aproximadamente ¾ de una pulgada desde la parte inferior del avión.

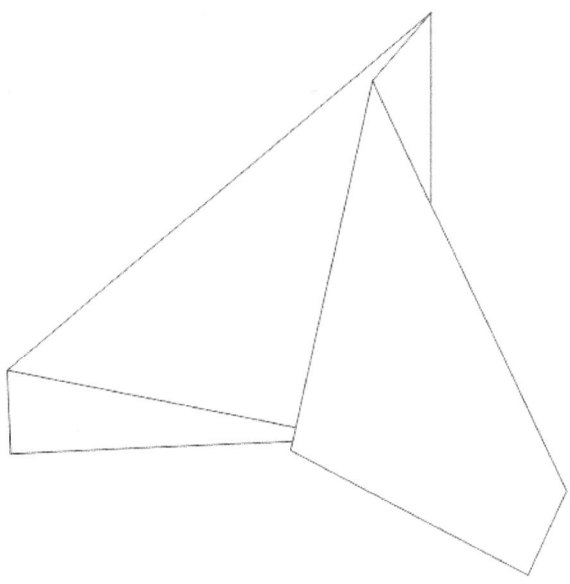

7. Dobla la solapa inferior hacia abajo para formar la otra ala, como se muestra a continuación.

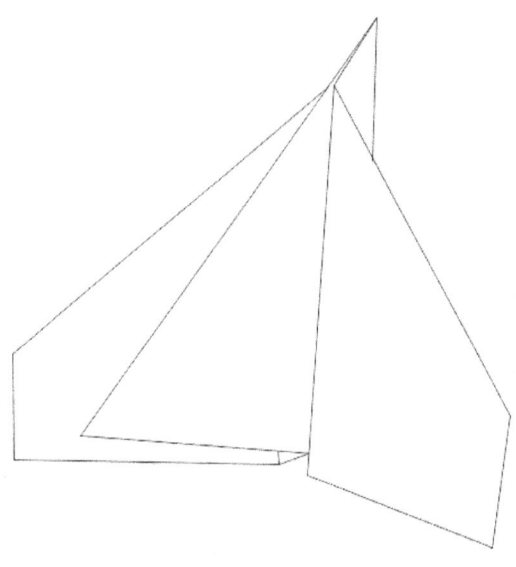

8. Tu Velocista ahora está terminado. Tu diseño final debe verse como el de la imagen de abajo.

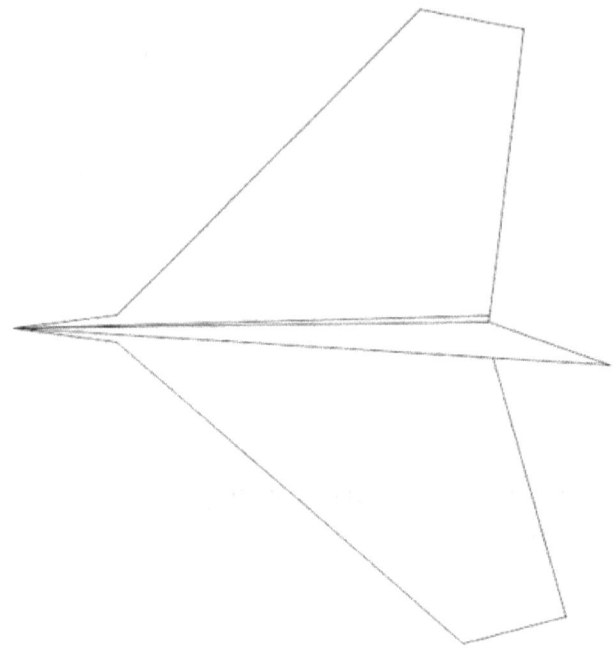

El Planeador de Mar

El Planeador de Mar recibe su nombre por el hecho de que su forma hace que se vea como una gaviota que vuela sobre el océano. Este avión de papel te permite ser creativo. Doblando las alas de diferentes maneras, puedes alterar su vuelo. El Planeador de Mar está construido para la distancia y permanece en el aire durante bastante tiempo.

Instrucciones de Plegado

1. Dobla la hoja de papel en diagonal para que la esquina superior derecha toque el borde izquierdo, como se muestra en la imagen de abajo.

2. Con una tijera, recorta el papel que queda sin cubrir en la parte inferior para que quede con una forma de triángulo, como se muestra en la siguiente página.

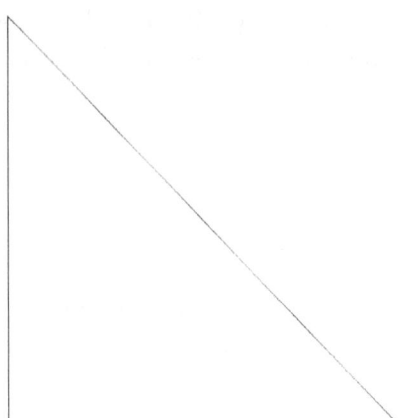

3. Dobla el lado diagonal largo aproximadamente a 1½ pulgadas del borde, como se muestra a continuación.

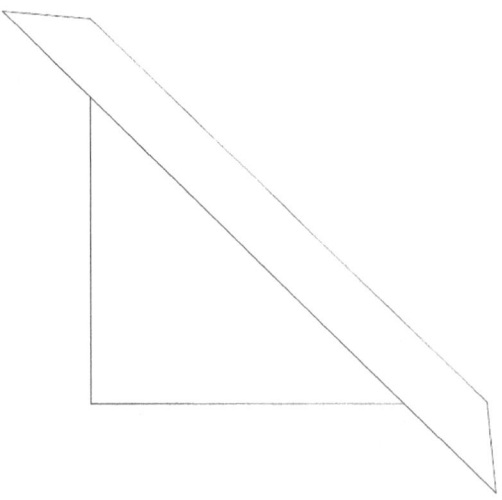

4. Dobla tu avión por la mitad en diagonal desde la parte superior izquierda a la inferior derecha. Los extremos de la pieza que doblaste deben tocarse y coincidir. Una vez que hayas hecho esto, gira el papel de modo que el borde largo quede en la parte superior, como se muestra en la imagen de abajo.

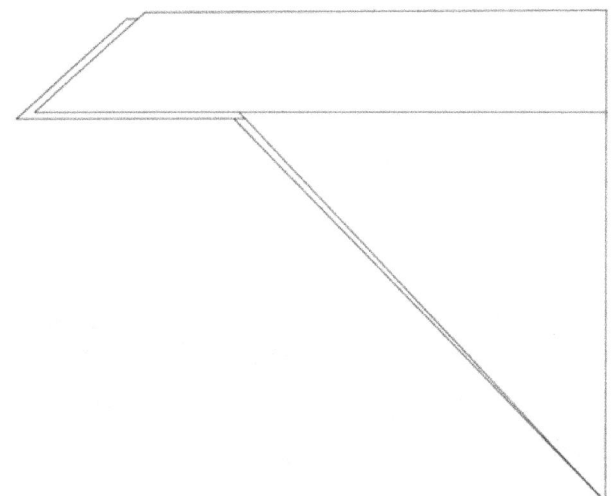

5. Dobla los dos bordes superiores (con la pieza larga) diagonalmente hacia afuera de modo que estén doblados hacia abajo, pero aún así coincidan. Esto debería crear la forma que se muestra a continuación.

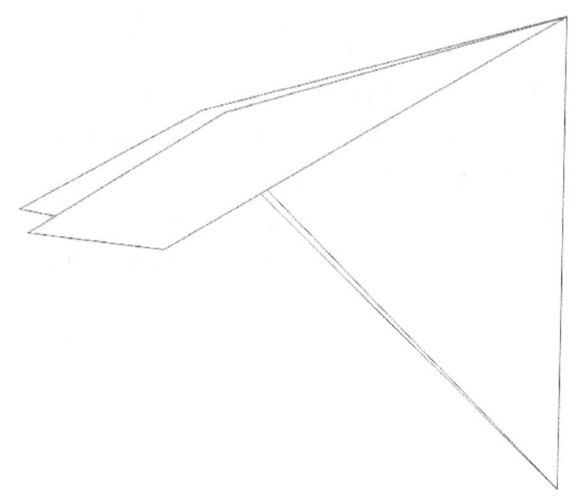

6. Dobla una solapa para crear un ala. Haz este pliegue aproximadamente a ¾ de pulgada del borde inferior del avión. La solapa doblada se puede ver en el lado derecho de la imagen de abajo.

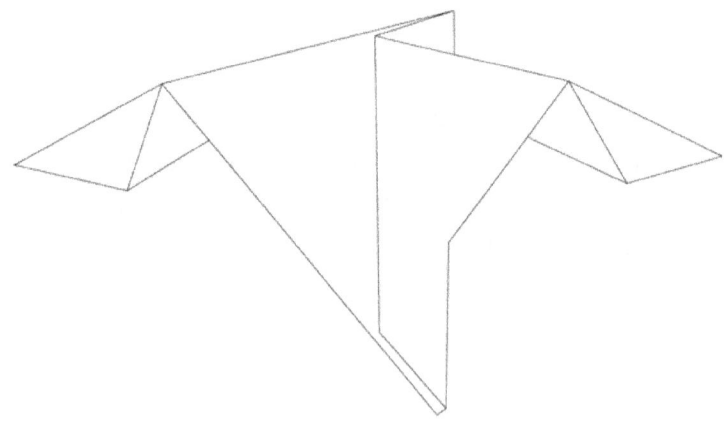

7. Dobla la otra solapa para crear la otra ala. ¡Tu Planeador de Mar ya está terminado! Desde arriba, tu avión debe verse como el de la imagen que se muestra a continuación.

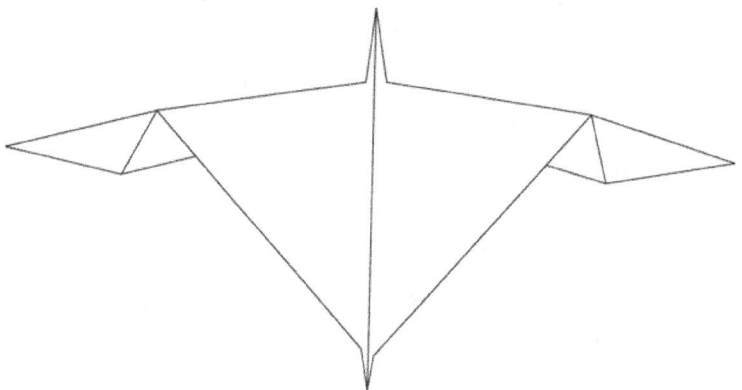

El Avión de Caza

El avión de caza está diseñado para la distancia y el tiempo de vuelo. El diseño le da al avión una gran nariz, lo que lo ayuda a superar la resistencia y mantener su impulso en una distancia larga, especialmente si lo lanzas con la suficiente fuerza. Además, las alas anchas le brindan suficiente levantamiento para permanecer en el aire durante un tiempo impresionantemente largo.

Instrucciones de Plegado

1. Comienza doblando verticalmente la hoja de papel por la mitad, y luego desdóblala para crear un pliegue en el centro del papel, como se muestra a continuación.

2. Aproximadamente a 2 pulgadas del borde, dobla la parte superior del papel hacia abajo, como se muestra en la siguiente página.

3. Dobla de nuevo la solapa que has hecho desde la parte superior, esta vez a la mitad. lo cual hará que la parte superior sea mucho más gruesa, como se muestra a continuación.

4. Dobla la parte superior por la mitad una vez más, como se muestra a continuación.

5. Dobla las esquinas superiores del papel hacia atrás para que se junten detrás del pliegue central. Tu papel ahora debería verse como el de la imagen de abajo.

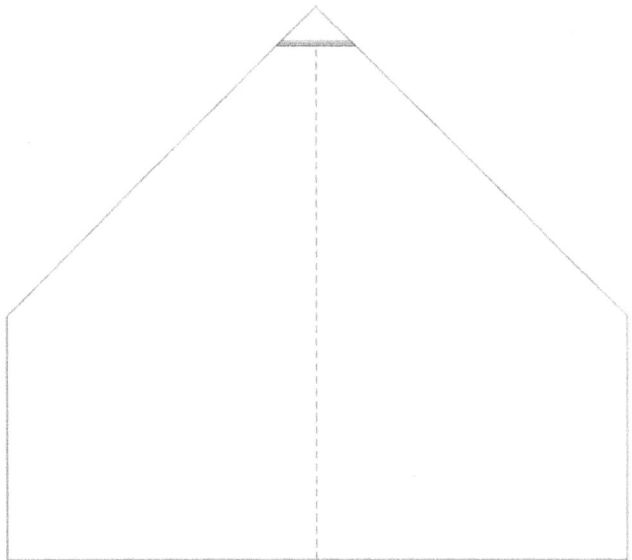

6. Dobla el avión por la mitad a lo largo del pliegue vertical. Esto creará un avión similar al de la imagen que se muestra a continuación.

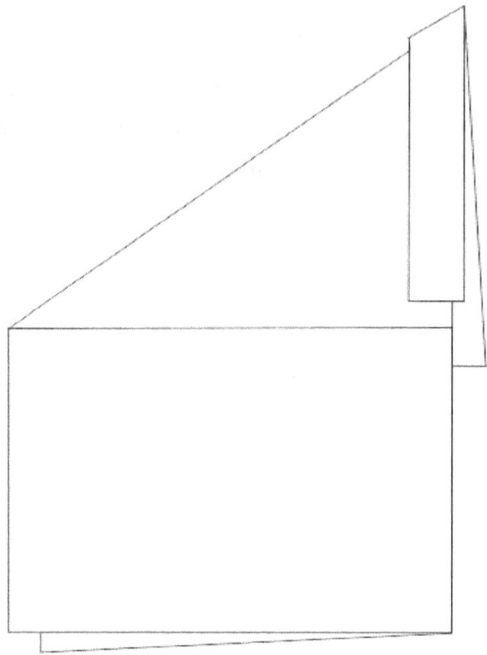

7. Dobla las solapas laterales para crearle las alas a tu avión. Recuerda que el punto grueso es la nariz de tu avión y, por lo tanto, las solapas se pliegan hacia él. Los pliegues deben hacerse aproximadamente a media pulgada por encima del borde inferior y con un ligero ángulo.

8. Finalmente, dobla los bordes de las alas hacia arriba, aproximadamente a media pulgada del borde. Hacer esto hace que tu avión de papel sea más rápido. Tu Avión de Caza ya terminado debe parecerse al de la imagen en la siguiente página.

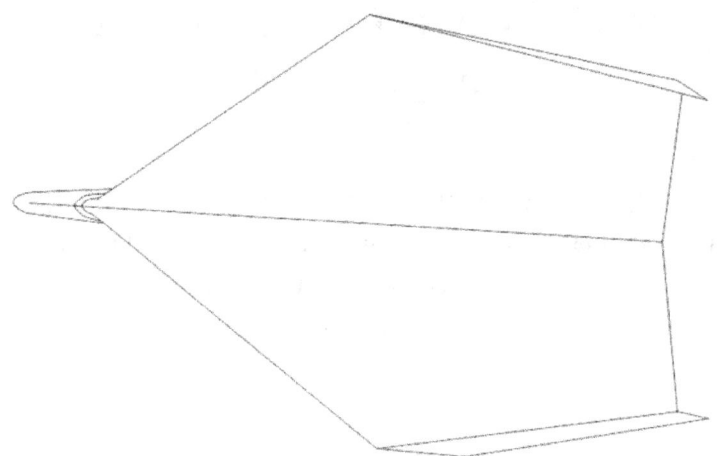

Capítulo Cuatro: Diseños de Aviones de Papel Avanzados

En este capítulo, nos fijamos en los diseños de aviones de papel que son un poco más complicados que los aviones en el Capítulo Tres. Los diseños cubiertos en este capítulo son la manera perfecta de mostrar a tus amigos y familiares tus habilidades para hacer aviones de papel.

El Avión de Caza Salvaje de Papel

El Avión de Caza Salvaje de Papel se inspira en uno de los aviones de combate más famosos de la Segunda Guerra Mundial. Como es de esperar de un avión construido para la guerra, este avión alcanzará grandes velocidades.

Instrucciones de Plegado

1. Comienza doblando una hoja de papel rectangular por la mitad verticalmente. Desdobla el papel para que tenga un pliegue, como se muestra en el Paso 1 a continuación.

2. Dobla las dos esquinas superiores del papel para que se junten en el pliegue central, como se muestra en el Paso 2 anterior.

3. Dobla los bordes diagonales del papel hacia abajo aproximadamente a media pulgada del borde para que el papel se vea como el de la imagen en la siguiente página.

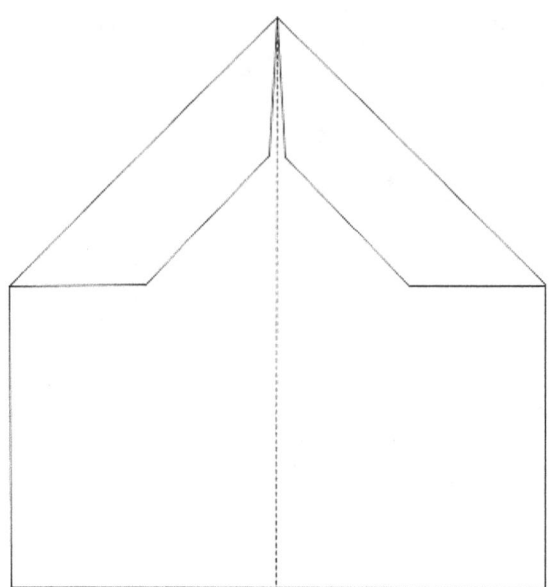

4. Dobla la sección triangular superior del papel hacia abajo, dejando un espacio de aproximadamente media pulgada entre el punto del triángulo y el borde inferior del papel, como se muestra a continuación.

5. Dobla la solapa triangular hacia arriba. Este pliegue debe estar aproximadamente a 1½ pulgadas del borde superior del papel. Tu avión ahora debería verse como el de la imagen de la siguiente página.

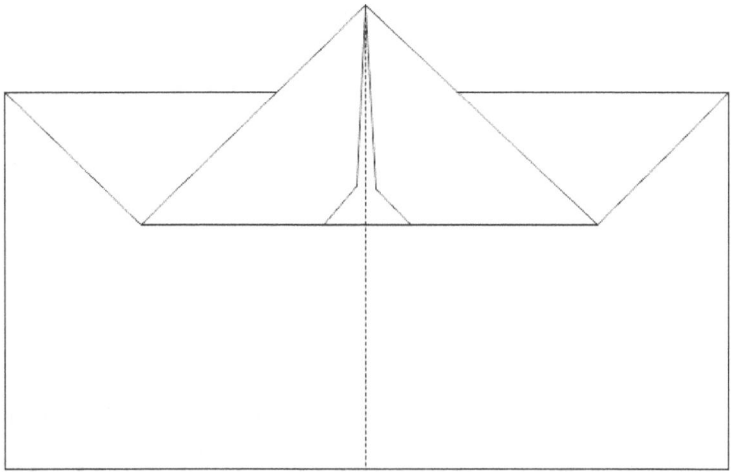

6. Voltea tu avión y dóblalo por la mitad verticalmente para que se parezca al de la imagen que se muestra a continuación.

7. Dobla la solapa superior aproximadamente a una pulgada del borde izquierdo para crear un ala para tu avión. Voltea el avión y dobla la otra solapa para crear la otra ala. Después de este paso, tu avión debe parecerse al de la imagen de abajo.

8. Aproximadamente a un centímetro del borde de las alas, dobla dichos bordes hacia arriba para crear aletas.

9. Desdobla las alas (con las aletas dobladas hacia adentro) para que el avión se vea como en el Paso 6. Con una tijera, corta las alas de tu avión como se muestra a continuación.

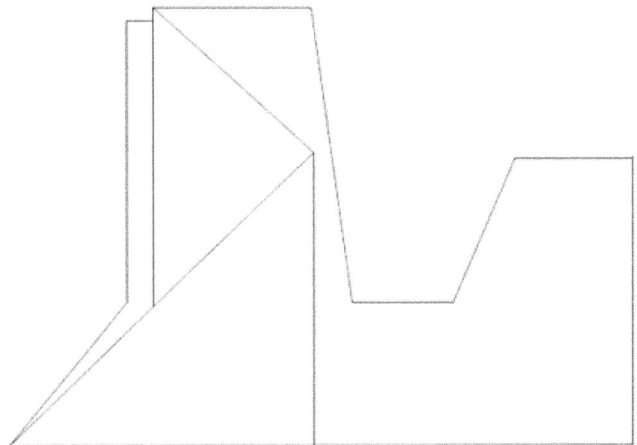

10. Finalmente, dobla las alas nuevamente a lo largo de los pliegues que creaste en el Paso 7. Tu Avión de Caza Salvaje de Papel debería verse como el de la imagen de abajo.

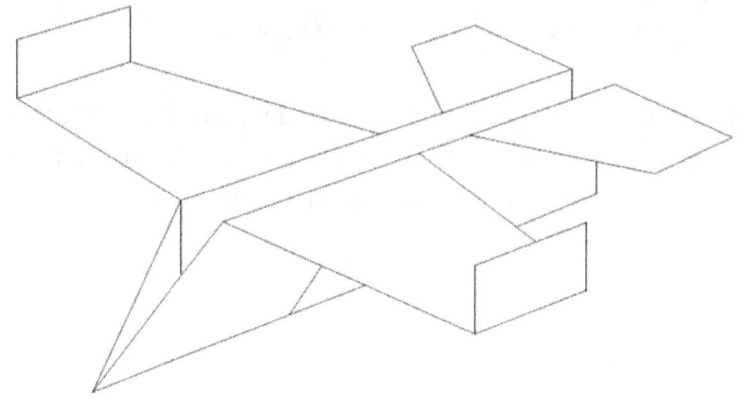

Cazador Delta

El Cazador Delta es un avión de papel diseñado para la velocidad y la distancia, modelado a partir de los cazas con alas delta de la Segunda Guerra Mundial.

Instrucciones de Plegado

1. Comienza doblando una hoja de papel rectangular por la mitad verticalmente y desdóblala para que quede un pliegue en el centro del papel, como se muestra en el Paso 1.

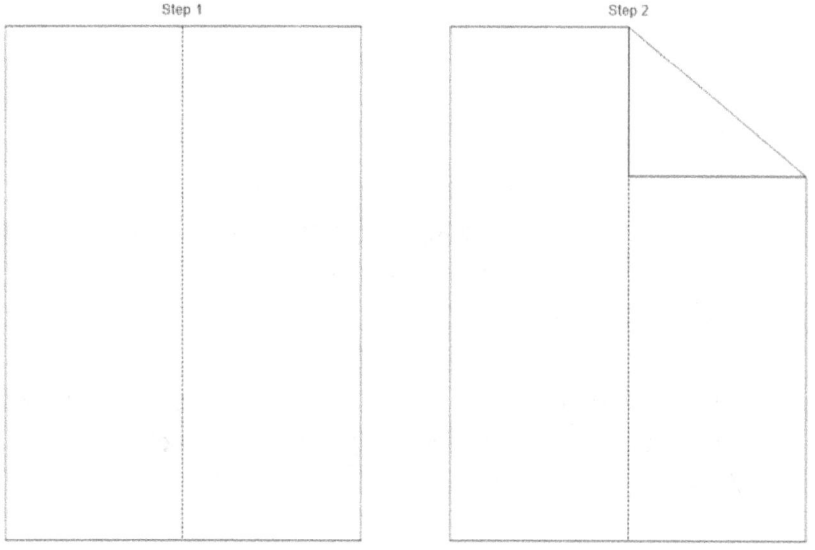

2. Dobla la esquina superior derecha del papel para que toque el pliegue de la línea central, como se muestra en el Paso 2.

3. Dobla la esquina superior izquierda hacia el borde derecho del papel, como se muestra en el Paso 3.

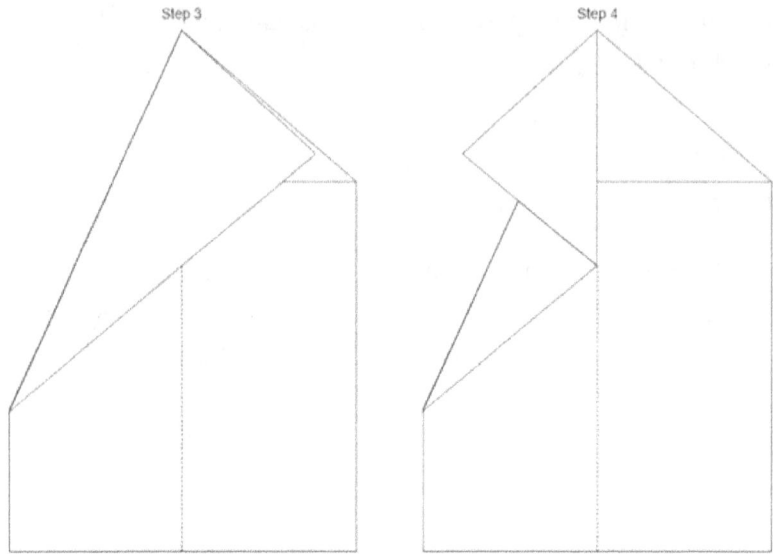

4. Dobla esta solapa hacia atrás de manera que el borde doblado quede alineado con el pliegue central, como se muestra en el Paso 4.

5. Dobla la parte de la solapa que se extiende fuera del cuerpo del papel para que su borde doblado se alinee con el borde diagonal del papel, como se muestra en el Paso 5.

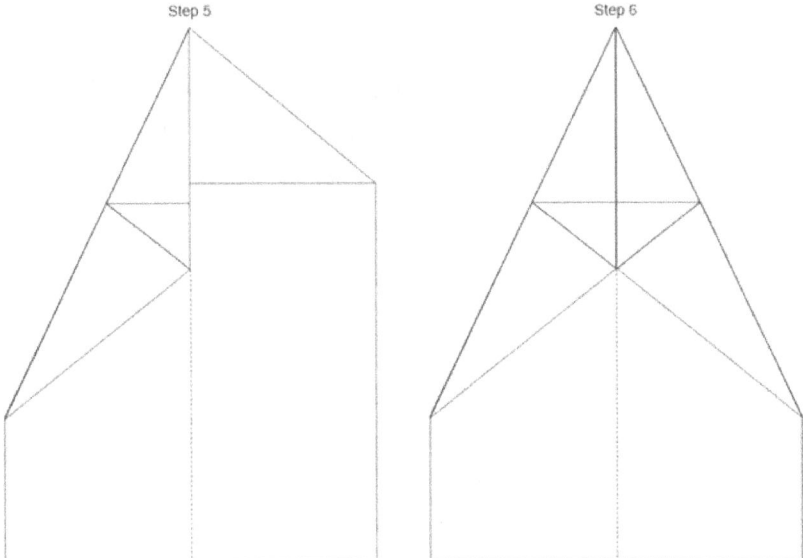

6. Repite los pasos del 3 al 5 en la derecha para que tu papel se vea como el de la imagen que se muestra en el Paso 6.

7. Dobla el papel por la mitad a lo largo del pliegue en el centro para que todos los pliegues que has hecho queden ocultos. Tu avión ahora debería verse como el de la imagen de abajo.

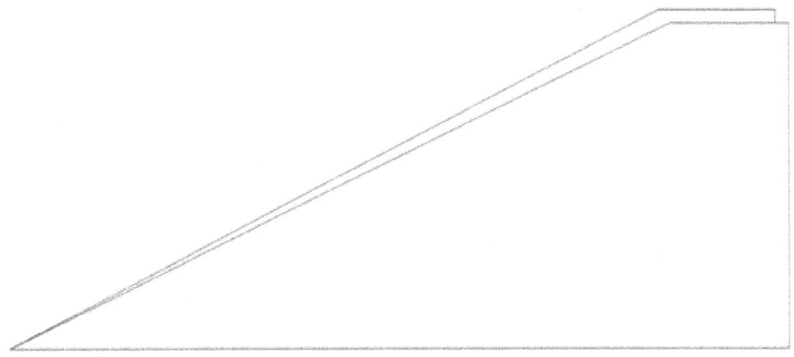

8. Dobla las solapas laterales hacia abajo a lo largo del pliegue que se indica a continuación para crearle las alas a tu avión.

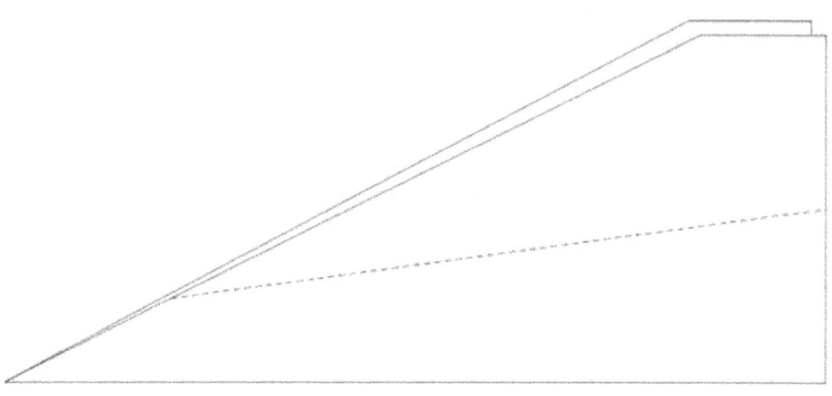

9. Tu Cazador Delta ya terminado debe tener una cabina de mando sobresaliendo, como se muestra en la siguiente imagen.

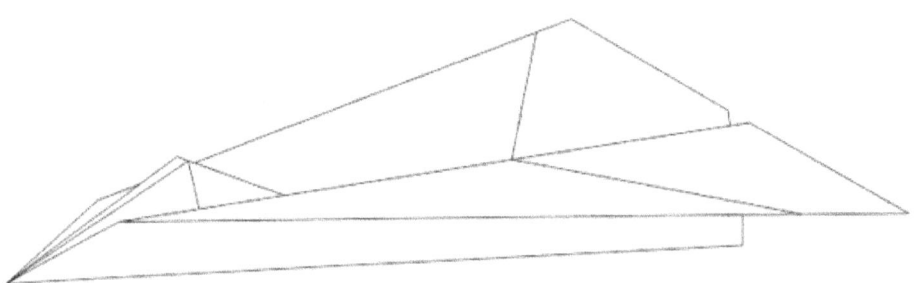

Avión Inferior

Este avión de papel es un avión muy estable que te dará mucho tiempo de vuelo, debido a sus solapas inferiores adicionales que ayudan a mantenerlo en en el aire.

Instrucciones de Plegado

1. Dobla tu hoja de papel por la mitad verticalmente y luego desdóblala. Dobla el papel por la mitad nuevamente, esta vez horizontalmente, y luego desdóblalo para que tengas dos pliegues en el papel, como se muestra a continuación.

2. Dobla la parte superior del papel hacia abajo para que toque el pliegue horizontal, como se muestra en la siguiente página.

3. Dobla el borde superior del papel hacia abajo a lo largo del pliegue horizontal, como se muestra a continuación.

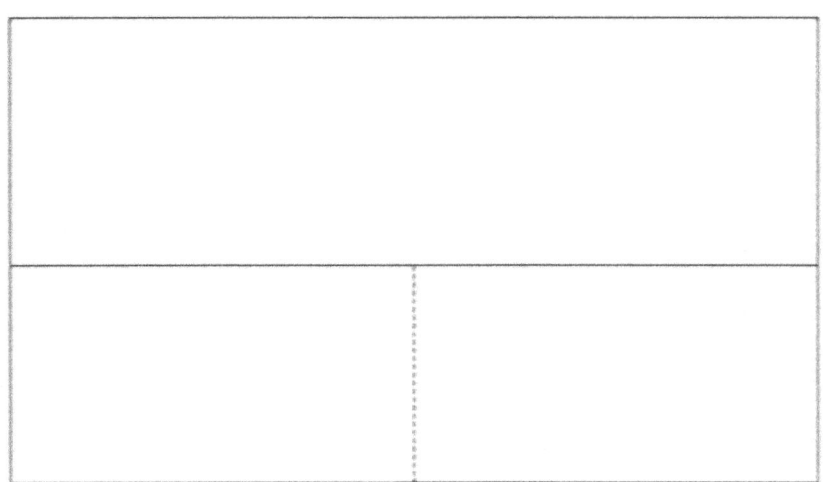

4. Dobla las esquinas superiores de tu hoja de papel hacia abajo, como se muestra en la siguiente página.

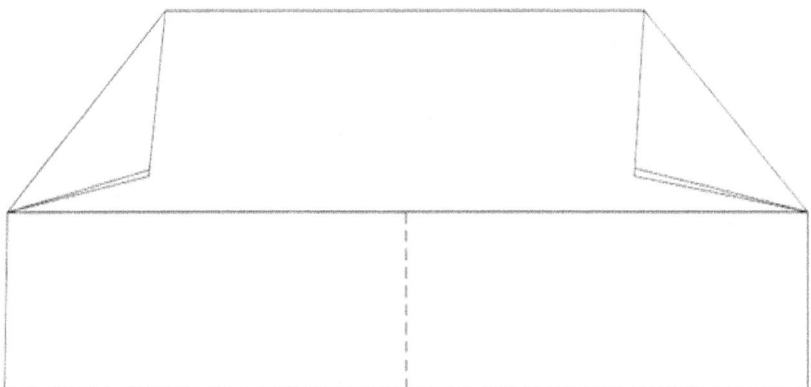

5. Una vez más, dobla las dos esquinas superiores hacia el centro, como se muestra a continuación.

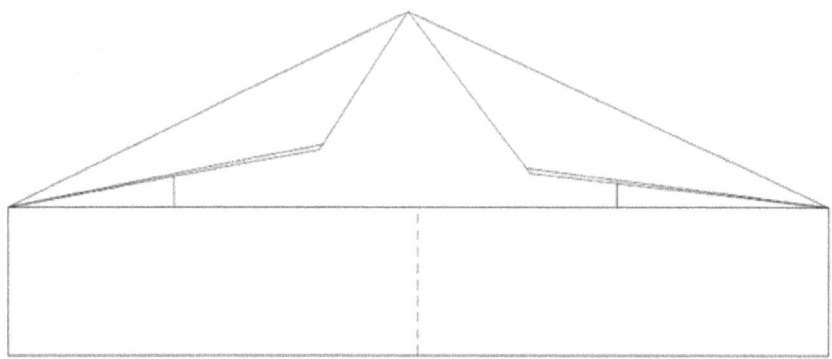

6. Ahora, dobla el punto superior de tu avión hacia abajo, como se muestra en la imagen de abajo.

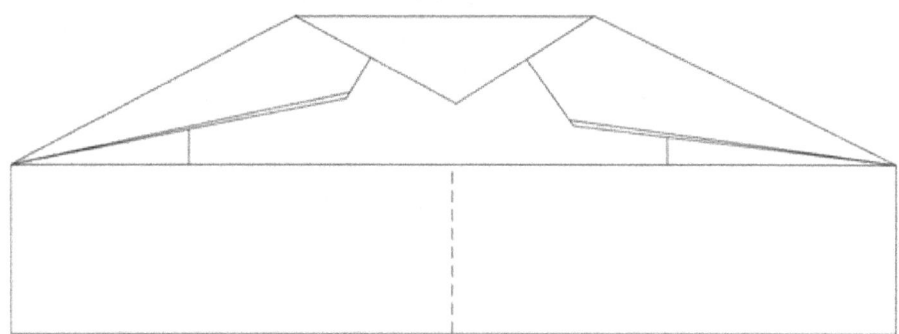

7. Gira tu hoja de papel y dóblala por la mitad a lo largo de la línea central vertical. El avión debería verse como se muestra a continuación.

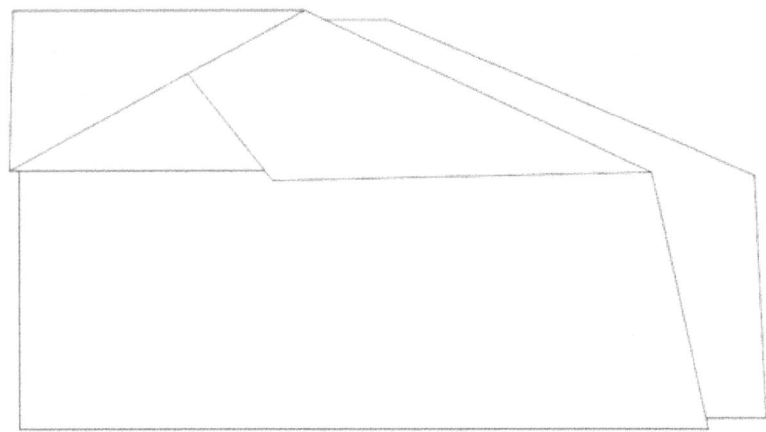

8. Dobla la solapa superior más o menos a una pulgada del borde izquierdo para crear un ala para tu avión. Repite con la otra solapa para crear la otra ala. En este punto, tu avión debe parecerse al de la imagen de abajo.

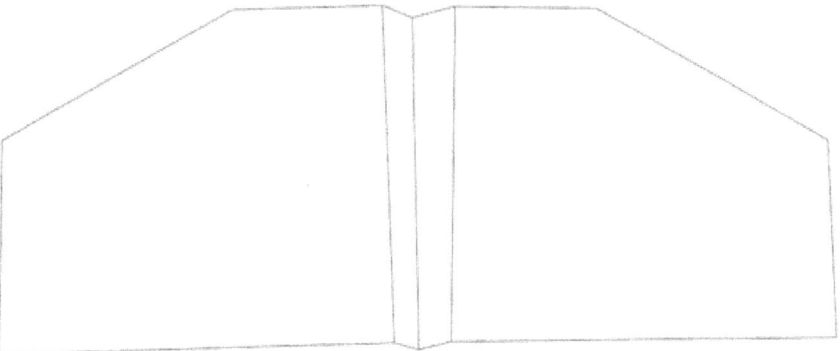

9. Aprieta las alas de tu avión juntas. Tu Avión Inferior ya terminado debe verse como el de la imagen en la siguiente página.

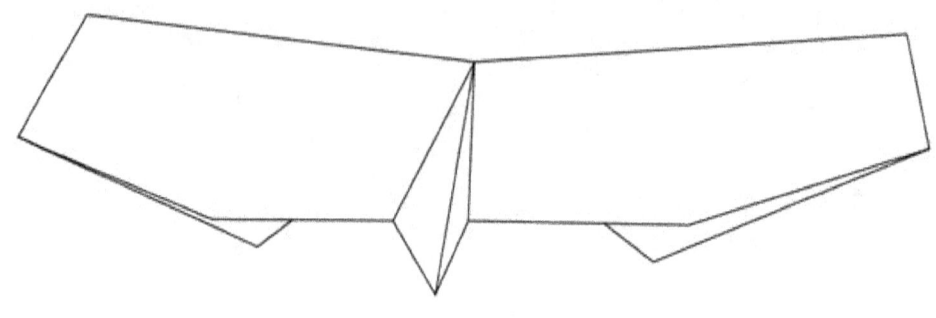

El Avión de Lanza

Este es un avión que está diseñado para cortar el aire como una lanza. Cuando se lanza con la potencia suficiente, el Avión de Lanza te dará una gran velocidad y una gran distancia.

Instrucciones de Plegado

1. Dobla la esquina superior derecha de tu papel hasta que toque el borde izquierdo, con el pliegue comenzando en la esquina inferior derecha, como se muestra a continuación.

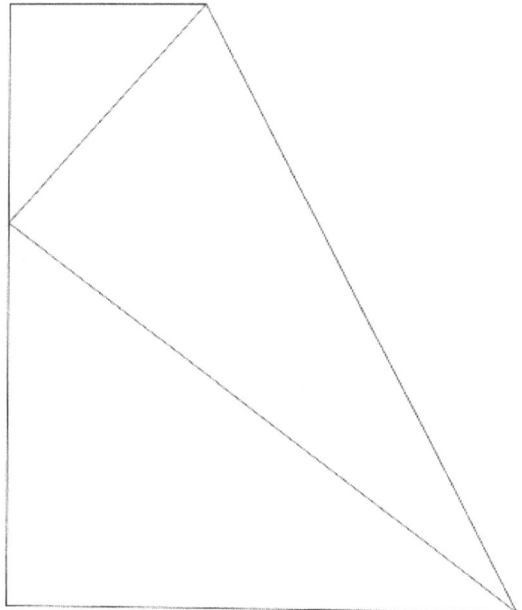

2. Abre el papel para que quede un pliegue. Repite el pliegue con el lado opuesto, de modo que la esquina superior izquierda toque el borde del papel.

3. Abre el papel y dobla la esquina derecha para que se alinee con el primer pliegue que creaste, como se muestra en la imagen de la siguiente página.

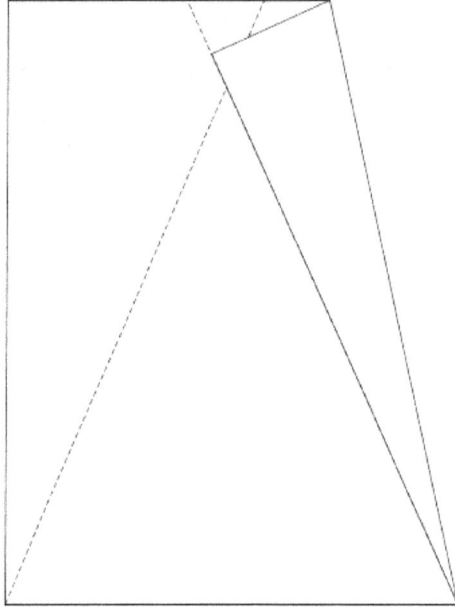

4. Repite con el otro lado para que tu papel se vea como el de la imagen en la siguiente página.

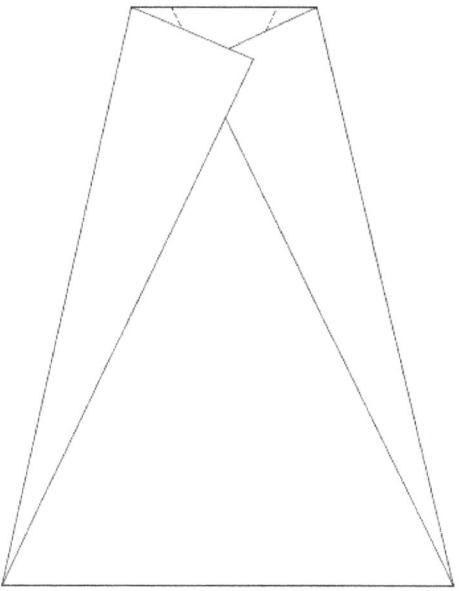

5. Vuelve a doblar el borde derecho hacia adentro, alineándolo con la punta de la solapa izquierda doblada. Tu papel ahora debe verse como el de la imagen en la siguiente página.

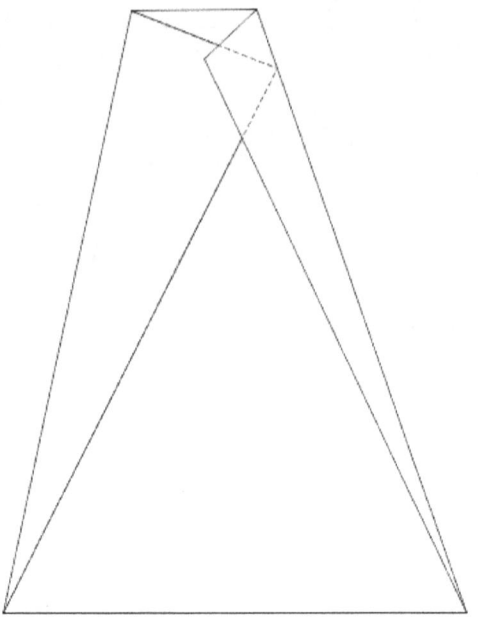

6. Repite esto con el otro lado para terminar con la forma que se muestra a continuación.

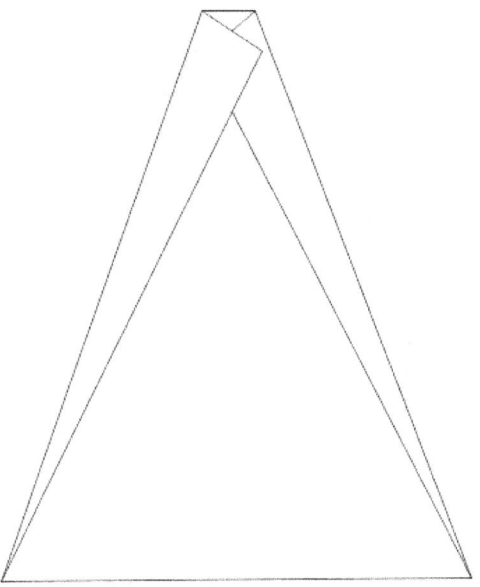

7. Dobla el borde superior de tu papel hacia abajo para que toque el punto donde las dos capas se cruzan, como se muestra a continuación.

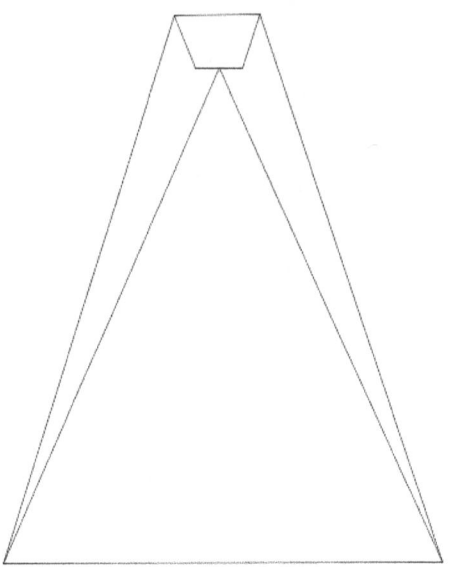

8. Da la vuelta a tu papel y dóblalo por la mitad verticalmente. Tu papel debe parecerse al de la imagen que se muestra a continuación.

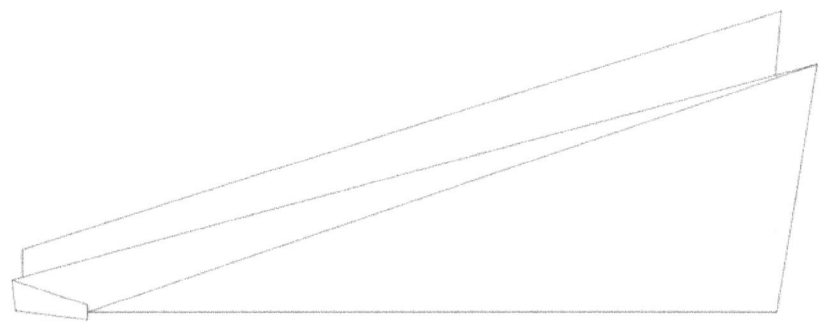

9. Dobla la solapa superior hacia abajo en ángulo para formar un ala y luego repite con la otra para crear la otra ala. Tu avión

ahora debería verse como el de la imagen de abajo.

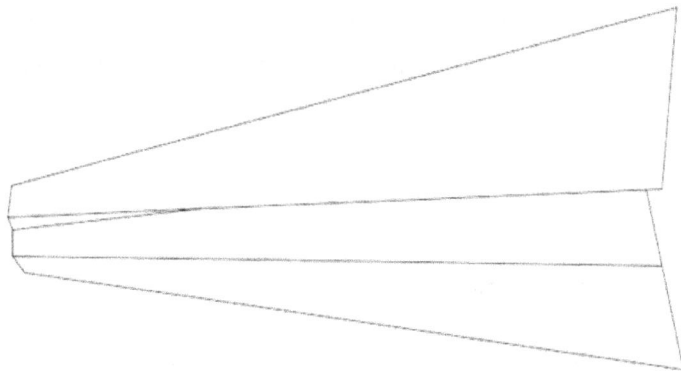

10. Aprieta las alas de tu avión para que se vea como el de la imagen de abajo.

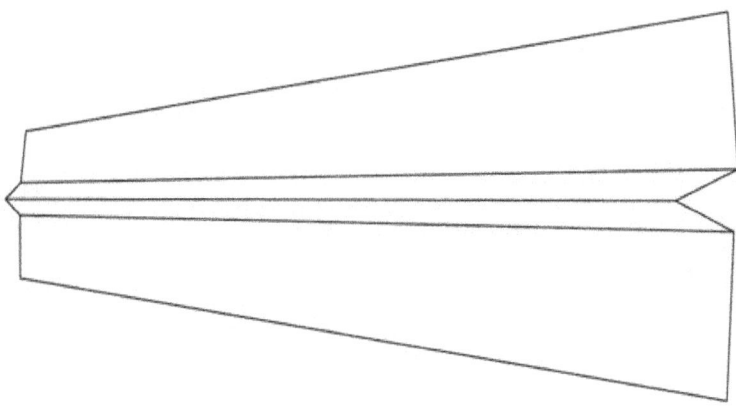

Avión de Nariz Pesada

Este avión, una vez completado, se parece al Dardo básico. Sin embargo, tiene pliegues adicionales que hacen que su nariz sea más pesada, lo que permite que este avión vuele una distancia más larga que el dardo básico.

Instrucciones de plegado

1. Dobla tu pedazo de papel por la mitad verticalmente. Desdobla el papel para que quede un pliegue, como se muestra en el Paso 1.

2. Dobla las dos esquinas superiores como se muestra en el Paso 2 para que toquen el pliegue que creaste en el Paso 1.

3. Una vez más, dobla las esquinas superiores de tu papel para que se junten en el pliegue central, como se muestra en la imagen de la siguiente página.

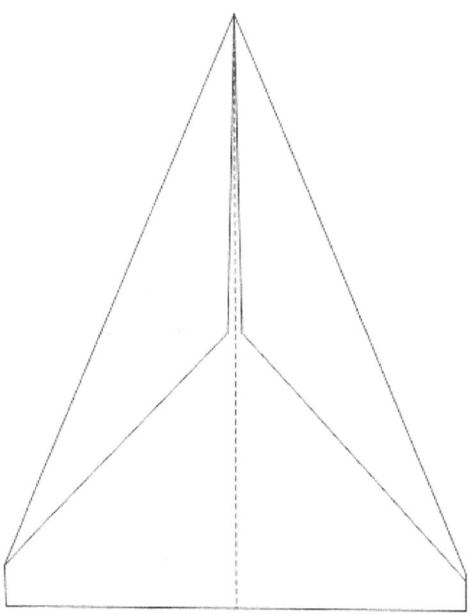

4. Dobla la parte superior del avión hacia abajo para que toque el borde inferior del mismo, como se muestra a continuación.

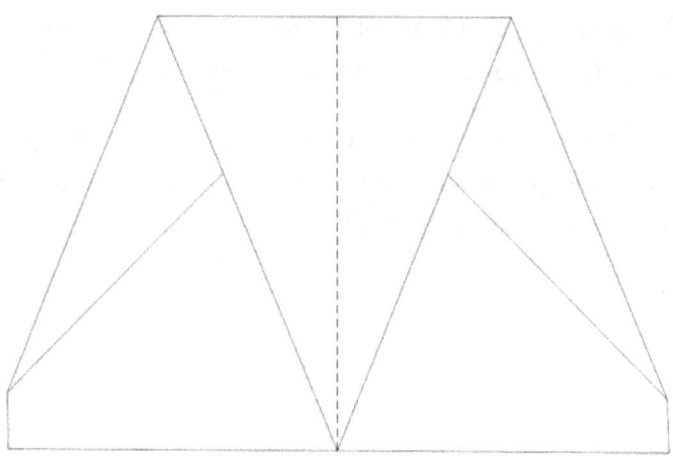

5. Dobla esta solapa hacia arriba aproximadamente a 2½ pulgadas del borde superior. Tu avión ahora debería parecerse al de la imagen de abajo.

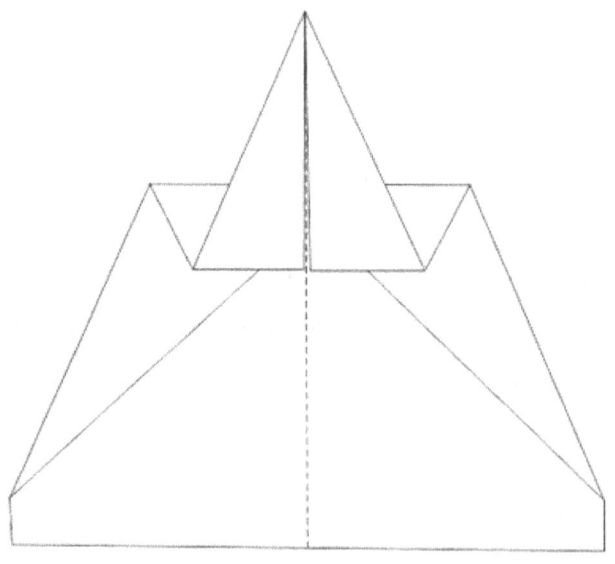

6. Dobla la punta de tu avión hacia abajo aproximadamente a 1½ pulgadas de la punta, como se muestra a continuación.

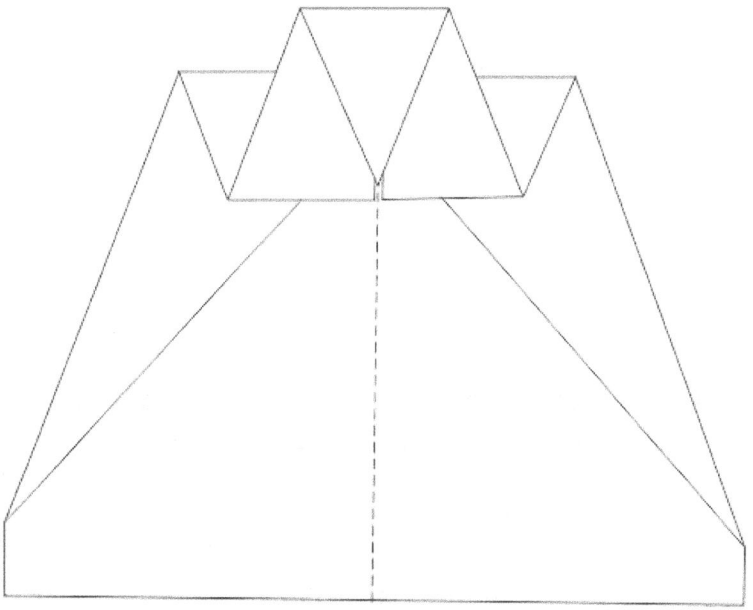

7. Dobla el avión por la mitad a lo largo del pliegue vertical y luego dobla las alas hacia afuera.

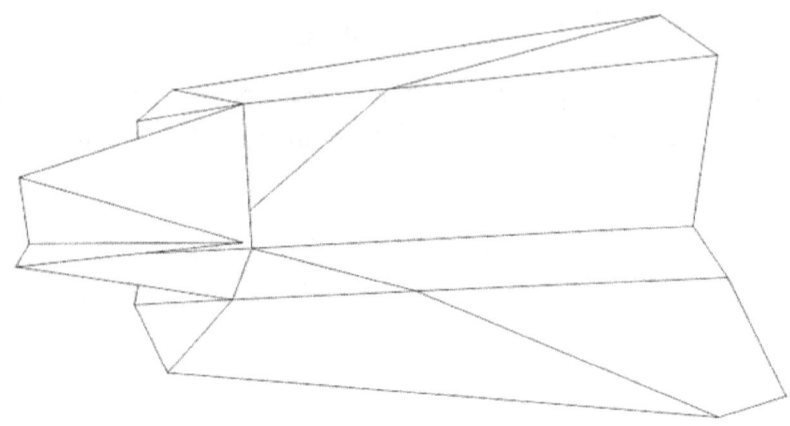

8. Finalmente, junta las dos alas. Tu avión ya terminado debe verse como el de la imagen que se muestra a continuación.

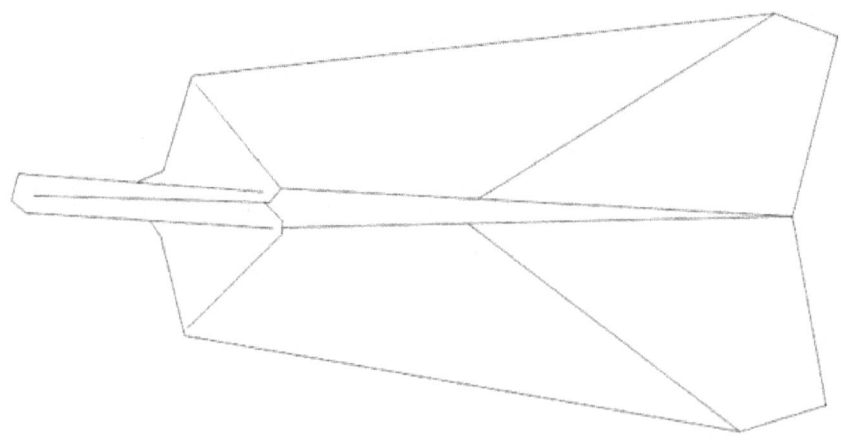

El Arco de Urano

El Arco de Urano es un gran avión de papel que se ve realmente genial cuando se completa. Sin embargo, si deseas que el Arco de Urano vuele realmente bien, debes asegurarte de doblarlo con mucho cuidado y que todos los pliegues estén afilados y rectos.

Instrucciones de Plegado

1. Comienza con una hoja de papel rectangular y dóblala por la mitad verticalmente. Desdobla el papel para que quede un pliegue a lo largo del centro del papel, como se muestra en el Paso 1.

2. Dobla las esquinas superiores del papel como se muestra en el Paso 2 para que toquen el pliegue que creaste en el Paso 1.

3. Una vez más, dobla las esquinas superiores de tu papel para que se encuentren en la línea central, como se muestra en la imagen de la siguiente página.

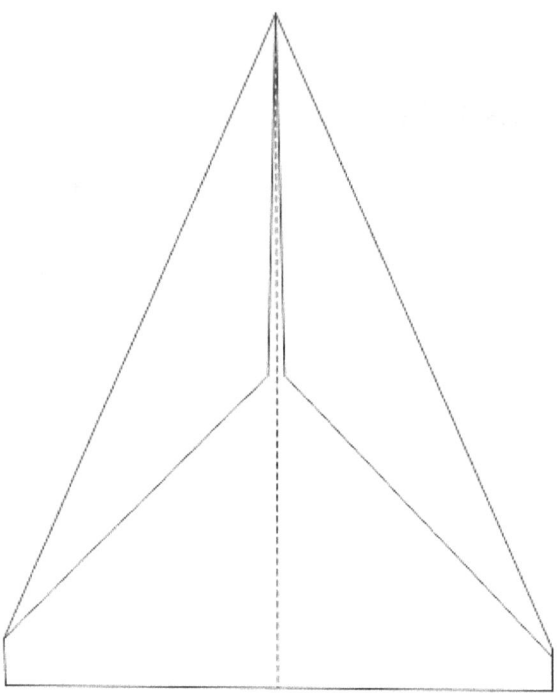

4. Dobla el punto superior del avión hacia abajo para que toque el borde inferior del mismo, como se muestra a continuación.

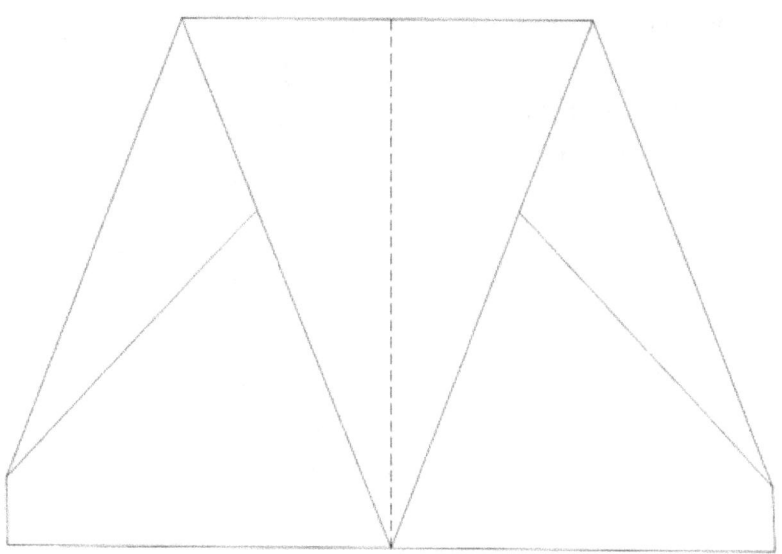

5. Voltea el papel y dobla las dos esquinas superiores para que los bordes inferiores de la solapa creada queden paralelos al borde inferior. Tu papel ahora debería verse como el de la imagen de abajo.

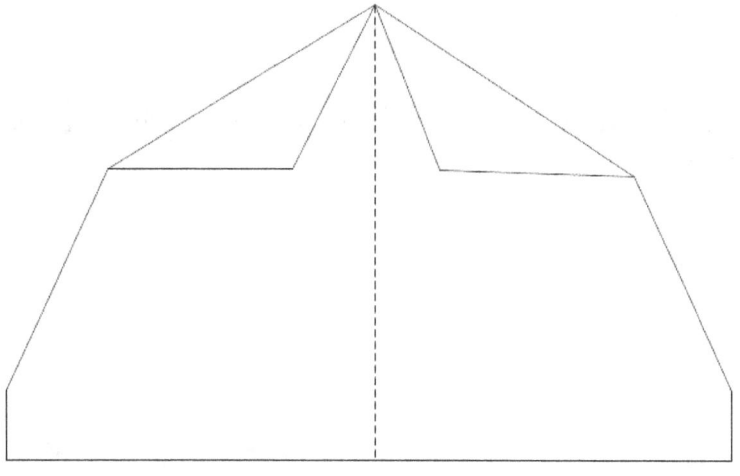

6. Dobla el punto superior hacia abajo sobre las solapas y, al mismo tiempo, levanta la solapa que creaste en la parte posterior hacia arriba. Tu papel ahora debería parecerse al de la imagen de abajo.

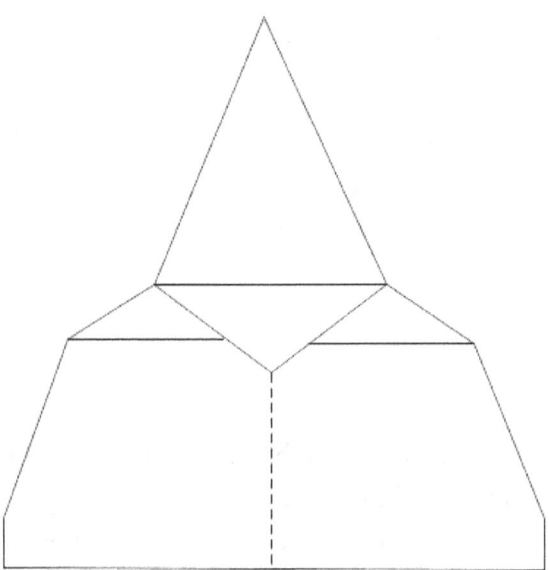

7. Da la vuelta a tu avión para que se vea como el de la imagen de abajo.

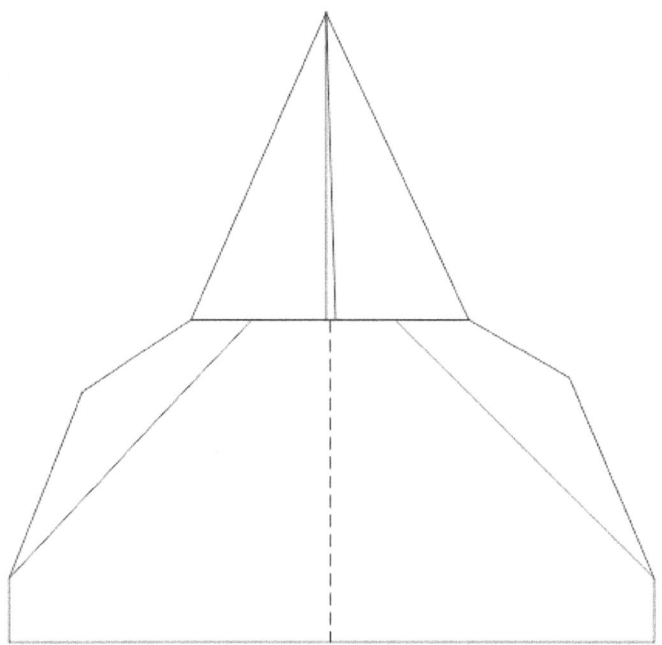

8. Dobla tu avión por la mitad a lo largo del pliegue vertical de modo que ahora tenga la forma del de la imagen en la siguiente página.

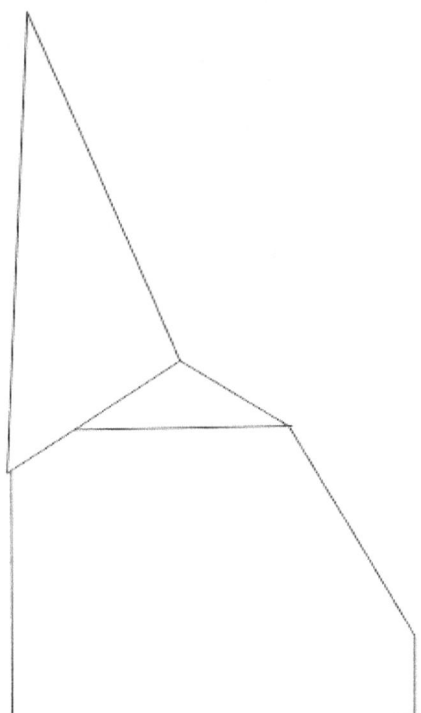

9. Dobla la solapa superior hacia abajo para crear un ala para tu avión. Gira el avión y dobla la otra solapa para crear la otra ala, teniendo cuidado para asegurar que ambas alas estén alineadas. En este punto, tu avión debe verse como el de la imagen de abajo.

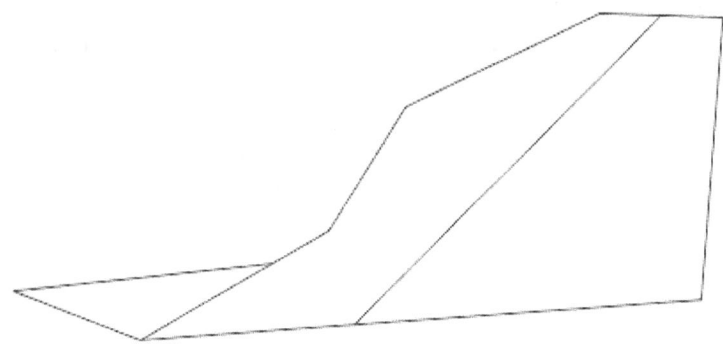

10. Desdobla las alas para que tu avión se parezca al de la imagen de abajo.

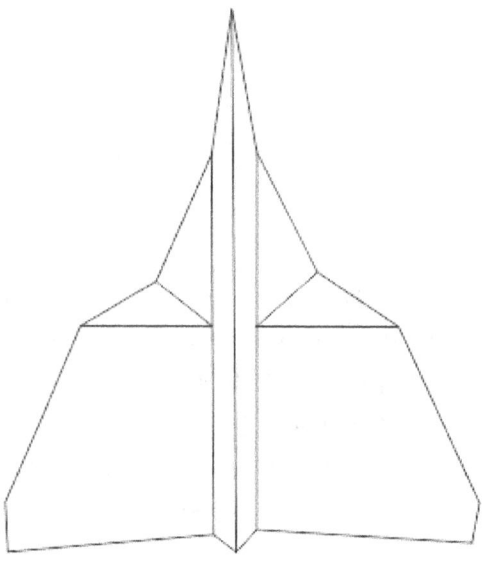

11. Gira tu avión y haz un pliegue en cada ala para crear aletas. Los pliegues deben comenzar en la esquina superior de las alas,

mientras que los bordes inferiores de las aletas deben alinearse con los bordes inferiores de las alas, como se muestra en la imagen de abajo.

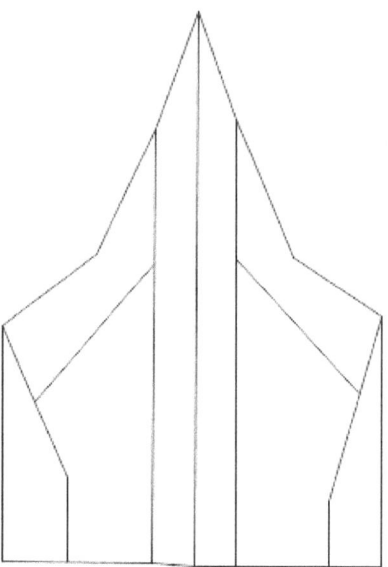

12. Finalmente, desdobla las aletas y levántalas hacia arriba para que queden en posición vertical. Inclina las alas levemente hacia arriba para que formen una letra "V" cuando se observen desde atrás. Hacer esto hará que tu avión sea más estable mientras vuela. Tu avión ya está listo para el vuelo. El Arco de Urano ya terminado debe verse como el de la imagen de abajo.

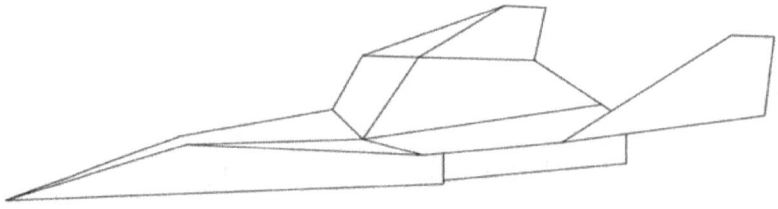

Avión de la Marina

Este avión de papel sigue el modelo de los aviones de combate utilizados por la marina. Al igual que los impresionantes aviones de combate de la marina, este avión de papel te dará una velocidad, distancia y tiempo de vuelo impresionantes. El avión de la marina es también uno de mis diseños favoritos de aviones de papel, ya que es simple de hacer y se ve muy bien.

Instrucciones de Plegado

1. Coloca una hoja de papel rectangular de manera horizontal y luego dóblela por la mitad verticalmente. Desdóblala para que quede con un pliegue, como se muestra a continuación.

2. Dobla las dos esquinas superiores hacia abajo para que toquen el pliegue central, como se muestra a continuación.

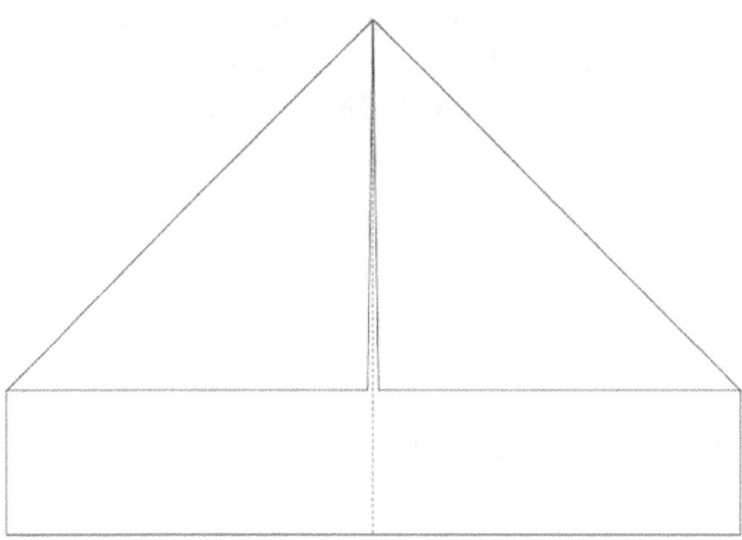

3. Dobla la parte superior hacia abajo y hacia el centro del papel donde se encuentran las otras dos esquinas. El avión debe parecerse al de la imagen de abajo.

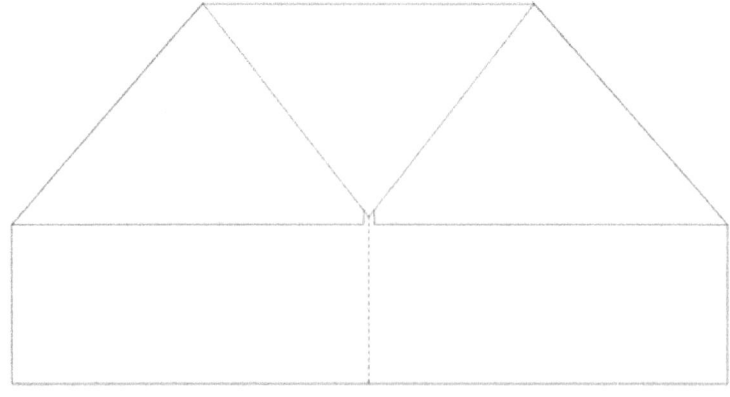

4. Dobla el borde derecho hacia abajo para que el nuevo borde vertical quede alineado con el pliegue central, como se muestra en la imagen de abajo.

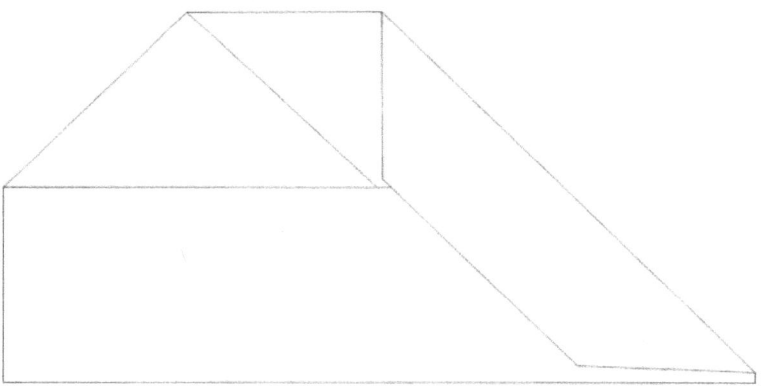

5. Repite el paso anterior en el borde izquierdo, para que el papel se vea como se muestra a continuación.

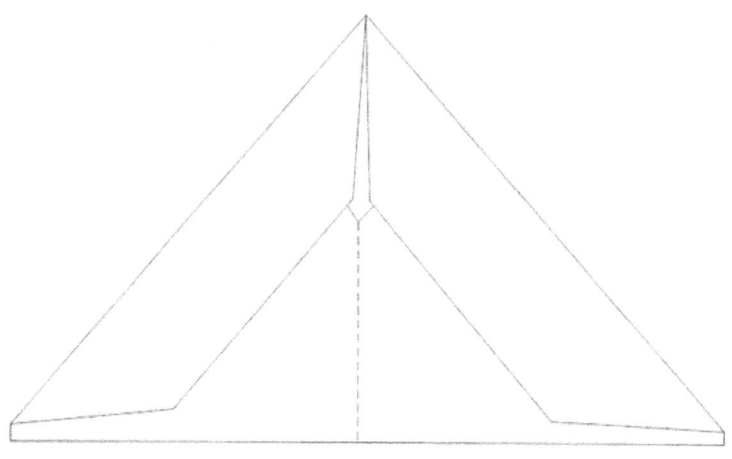

6. Gira tu avión y dobla la esquina inferior derecha hasta que toque el pliegue central, como se muestra a continuación.

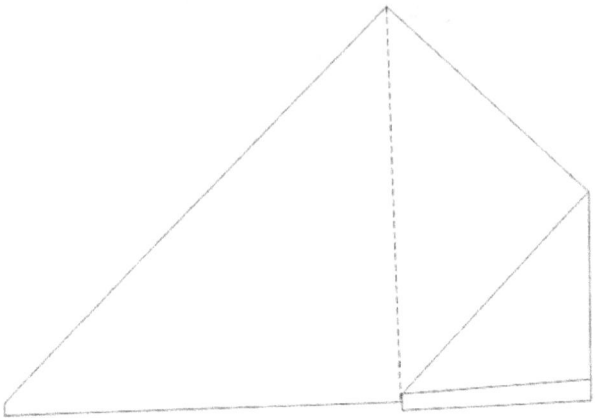

7. Repite el paso anterior con el otro lado para que tu avión se vea como el de la imagen de abajo.

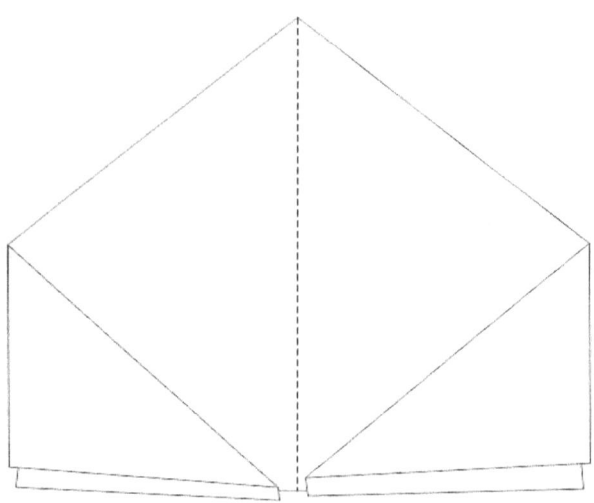

8. Dobla el borde derecho hacia el pliegue central, como se muestra en la imagen de abajo.

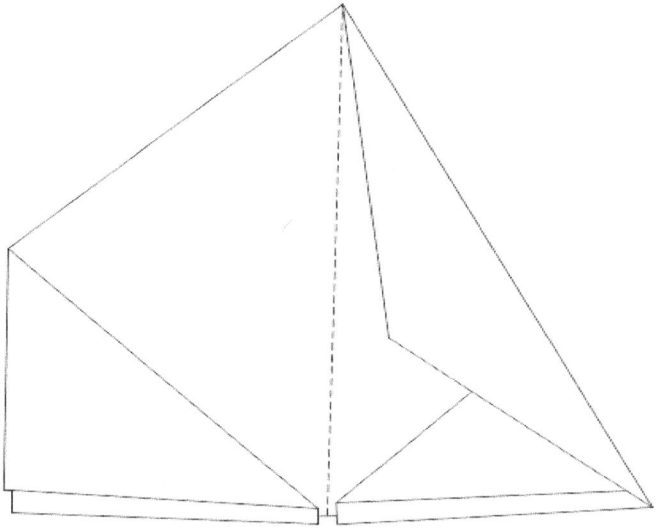

9. Repite el paso anterior con el lado izquierdo para que tu avión se vea como el de la imagen en la siguiente página.

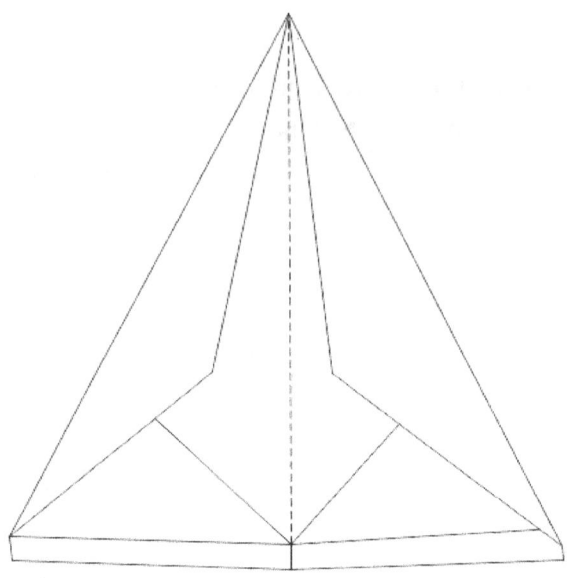

10. Dobla tu avión por la mitad a lo largo del pliegue vertical para que tu papel se parezca al de la imagen de abajo.

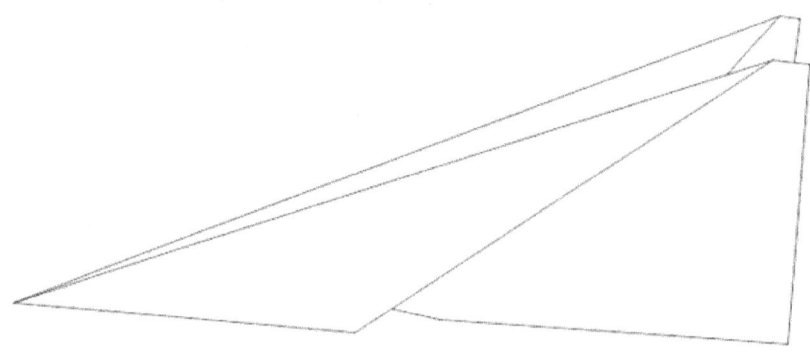

11. Dobla la solapa superior para formar un ala, como se muestra en la siguiente página.

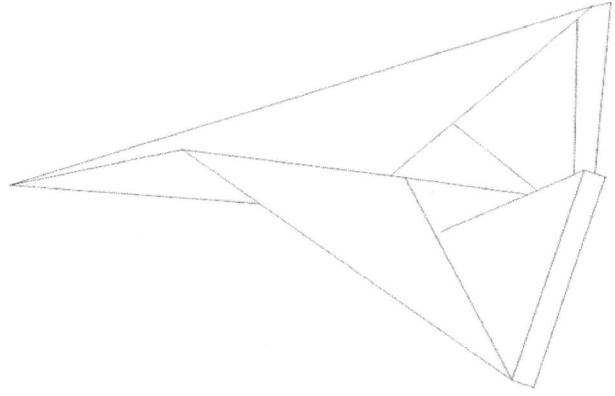

12. Da la vuelta a tu avión y dobla la otra solapa para formar la segunda ala.

13. Finalmente, dobla los extremos de cada solapa de las alas hacia arriba, como se muestra en la imagen de abajo.

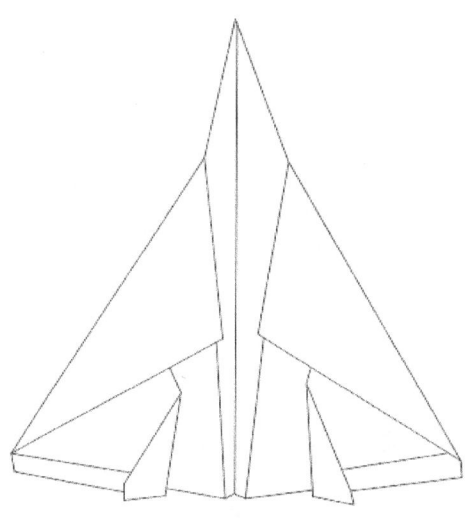

14. Tu Avión de la Marina ya terminado debe verse como el de la imagen de abajo.

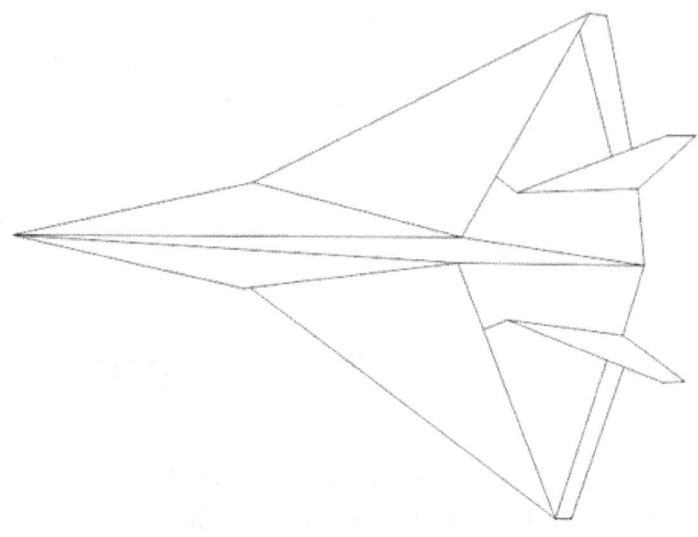

Capítulo Cinco: Diseños de Aviones de Papel de Nivel Experto

En este capítulo, veremos diseños de aviones de papel de nivel experto. Los aviones cubiertos en esta sección tienen diseños muy complejos y tardarán varios minutos en construirse. Sin embargo, los aviones que construirás en esta sección se ven muy bien. Los diseños cubiertos en esta sección son una excelente manera de dejar a tus amigos mirándote con asombro y con maravilla, ya que demuestran que eres un experto en la construcción de aviones de papel. En esta sección, también tendrás tu primer encuentro con diseños que incluyen el pliegue de acordeón, que puede parecer un poco complejo. Sin embargo, no dejes que eso te asuste. Deberías dominarlo después de los primeros intentos. ¡Solo tienes que seguir practicando!

Transbordador Espacial

Como su nombre lo indica, este avión de papel está modelado según el transbordador espacial de la NASA. Al igual que cualquier aeronave construida para viajes espaciales, el avión de papel del transbordador espacial está construido para la distancia en lugar de la velocidad. Las alas largas y anchas lo ayudan a deslizarse perfectamente. Cuando lo lances al vuelo, recuerda hacerlo suavemente.

Instrucciones de Plegado

1. Coloca una hoja de papel rectangular con los bordes más largos en la parte superior e inferior y luego dóblala verticalmente a la mitad, como se muestra a continuación.

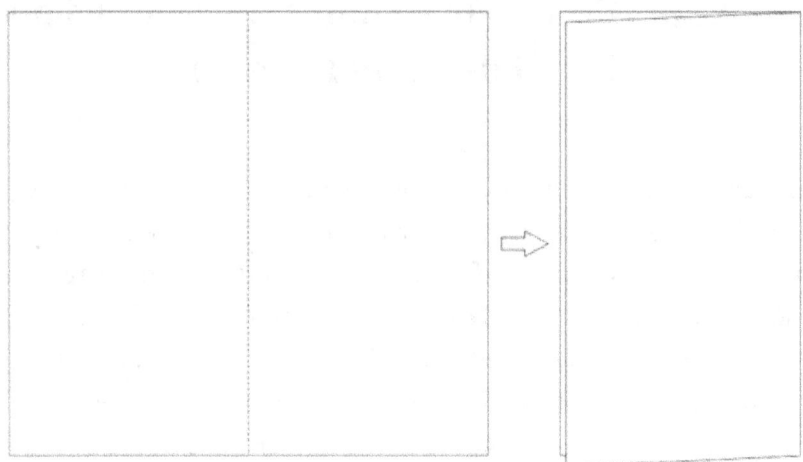

2. Dobla la esquina inferior del avión en diagonal como se muestra en la siguiente página, luego desdóblala para crear un pliegue. Da la vuelta al papel y repite el proceso de doblar y desdoblar para que el papel quede plegado en ambos lados.

3. Pliega el triángulo pequeño como un acordeón entre las dos solapas principales, como se muestra en la siguiente página.

4. Dobla la solapa superior a través de una línea diagonal imaginaria que se extiende desde la esquina superior derecha hasta la esquina inferior izquierda. Da la vuelta al papel y dobla la otra solapa de la misma manera que se ve en la imagen de la siguiente página.

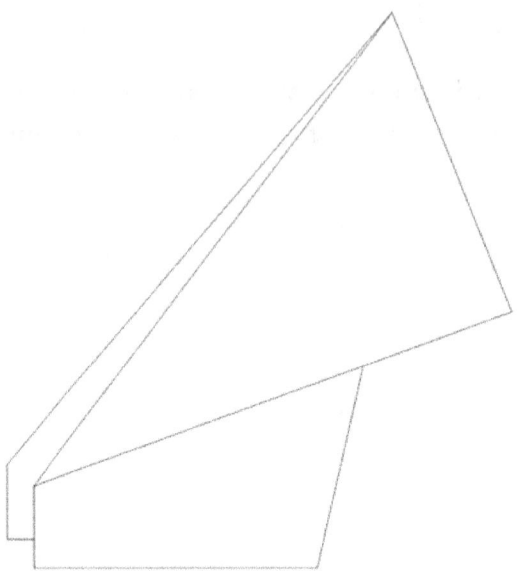

5. Dobla los pedazos de papel que se extienden sobre el borde hacia adentro y sobre sí mismos, de modo que el papel se vea como el de la imagen de abajo.

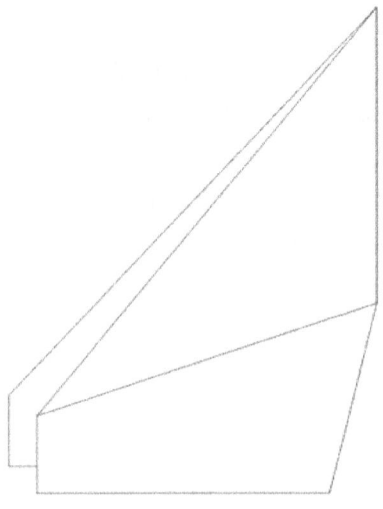

6. Gira tu avión de modo que la esquina afilada apunte hacia tu izquierda, luego dobla hacia abajo la solapa superior aproximadamente a media pulgada del borde inferior del avión. Repite esto con la otra solapa. Tu avión ahora debería parecerse al de la imagen de abajo.

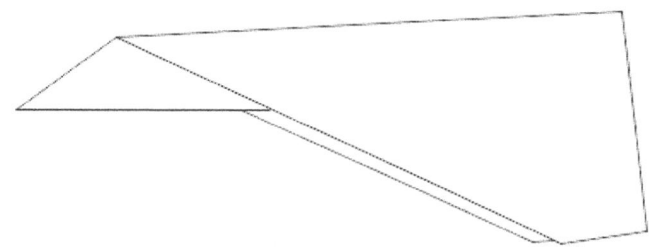

7. Dobla la solapa superior hacia arriba para que su borde inferior se alinee con el borde inferior del cuerpo del avión, como se muestra a continuación.

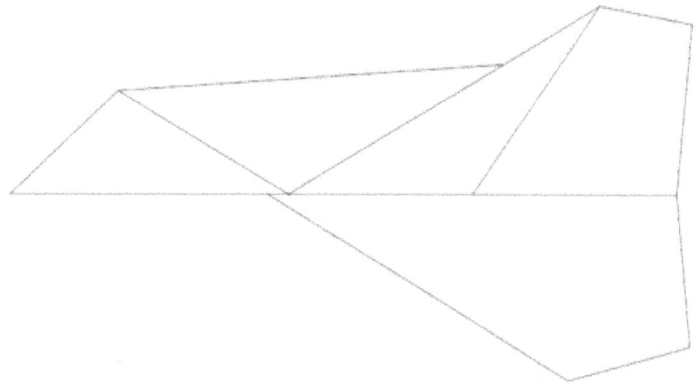

8. Repite el mismo proceso con la solapa inferior. Luego, abre las alas para completar tu avión. Tu transbordador espacial ahora debería verse como el de la imagen en la siguiente página.

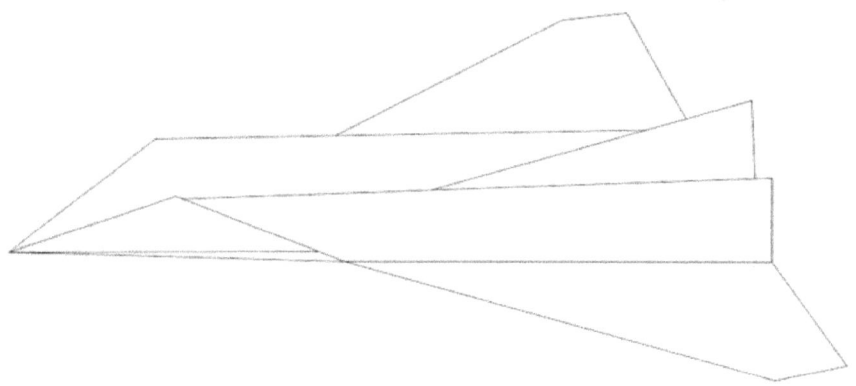

Ala Cruzada

El Ala cruzada es un pequeño avión que es construido para la velocidad y la distancia. Cuando se lanza lo suficientemente fuerte, alcanzará velocidades muy altas y volará largas distancias, debido a su pequeño tamaño y su gran nariz.

Instrucciones de Plegado

1. Dobla una hoja de papel por la mitad horizontalmente, como se muestra a continuación.

2. Dobla el papel de modo que las dos esquinas superiores no se unan exactamente en el centro del papel, como se muestra en la siguiente página.

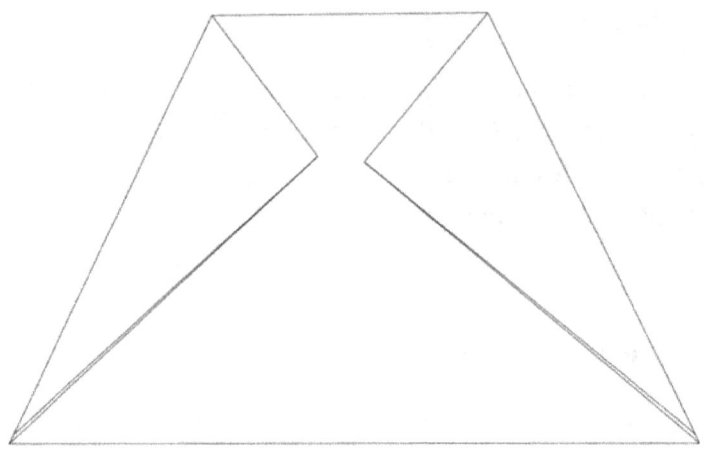

3. Abre los pliegues que hiciste en el paso anterior y dóblalos hacia adentro como un acordeón como se muestra a continuación.

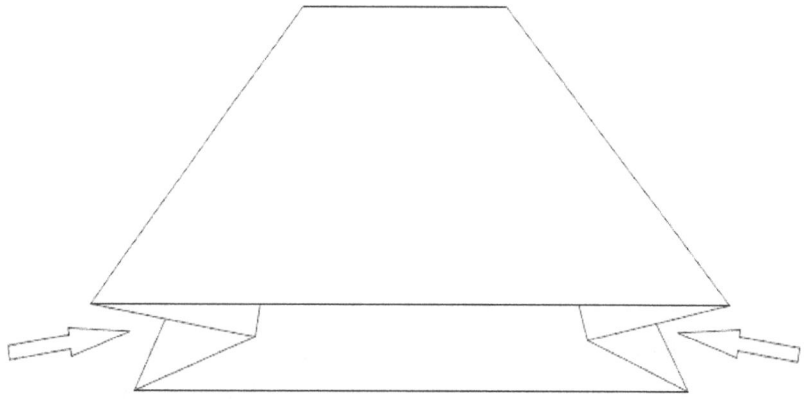

4. Después de completar el Paso 3, tu papel debería verse como el de la imagen de abajo.

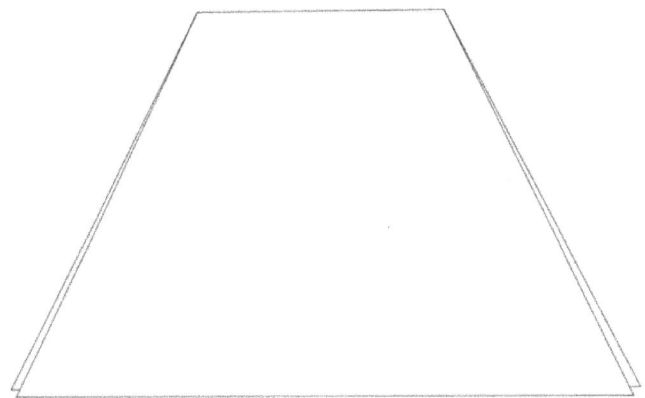

5. Dobla las dos esquinas superiores hacia abajo para que se junten en el centro, como se muestra a continuación.

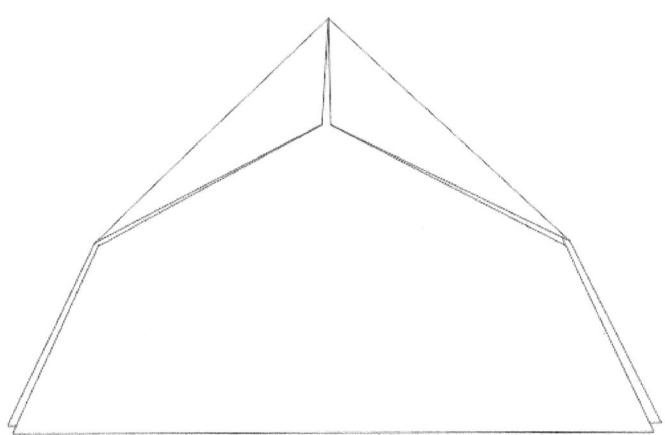

6. Aproximadamente a una pulgada de la parte superior, dobla la punta hacia abajo y hacia atrás, como se muestra a continuación.

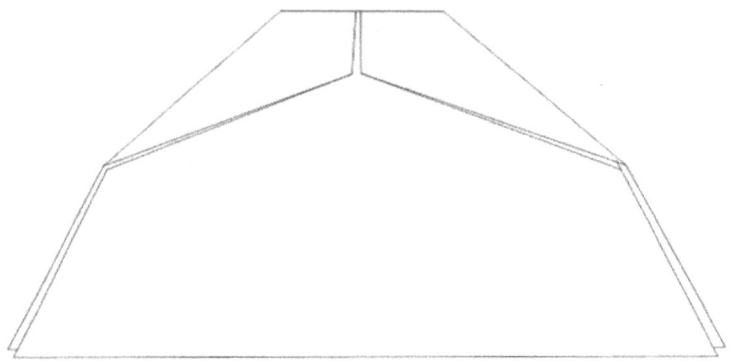

7. Dobla el avión por la mitad verticalmente. Tu avión ahora debería verse como el de la imagen de abajo.

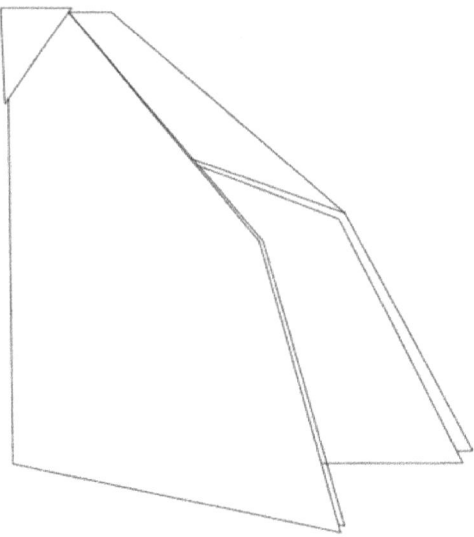

8. Dobla las solapas laterales para formar las alas para tu avión. Dobla los bordes de las alas hacia arriba aproximadamente a

una pulgada de las puntas de las alas. El avión ya terminado debe verse como el de la imagen de abajo.

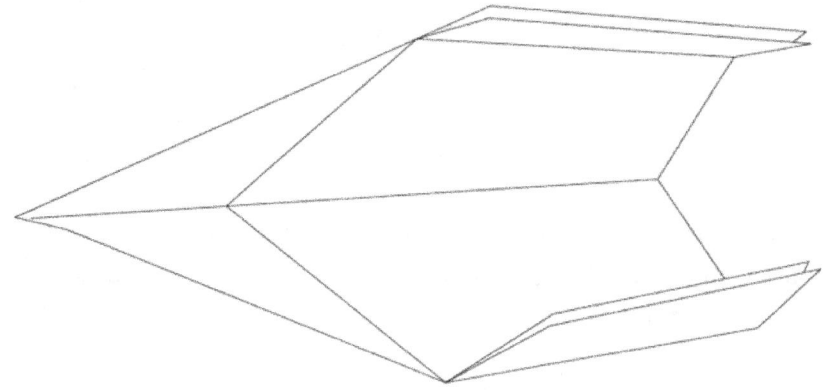

El Avión Cuadrado

Este es un avión que está diseñado para volar largas distancias, ya que su forma cuadrada hace posible que se deslice sin esfuerzo por el aire.

Instrucciones de Plegado

1. Dobla una hoja de papel horizontalmente, dejando aproximadamente 2 pulgadas de espacio en la parte inferior, como se muestra a continuación.

2. Dobla las dos esquinas superiores para que se encuentren en el centro, como se muestra en la siguiente página.

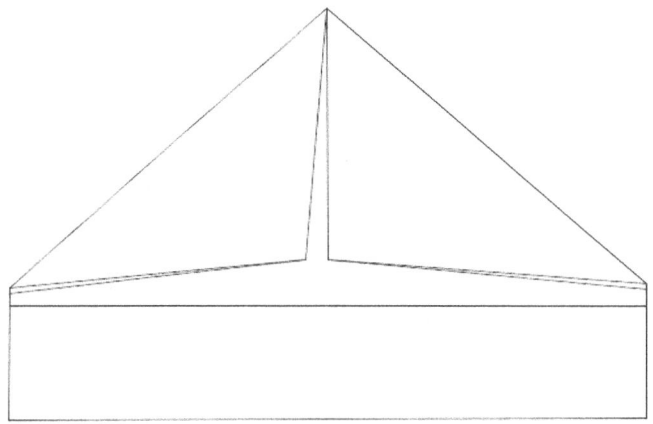

3. Abre los pliegues que hiciste en el paso anterior y luego dobla como un acordeón las solapas laterales como se muestra a continuación.

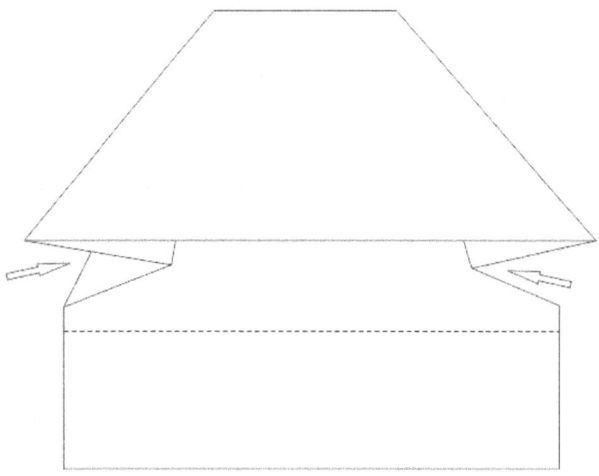

4. Después de completar el paso 3, el papel debe verse como el de la imagen de abajo.

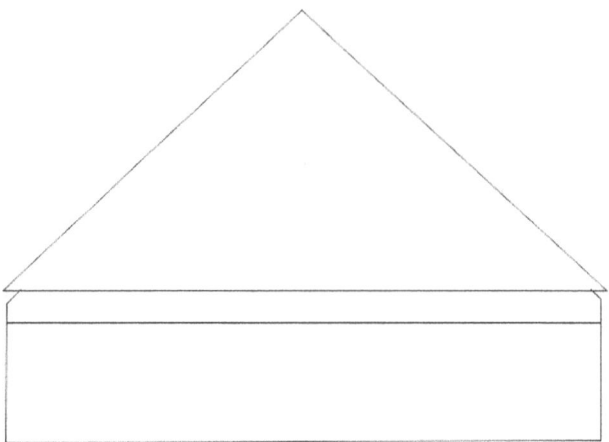

5. Dobla la solapa superior hacia arriba y hacia el punto superior, como se muestra a continuación.

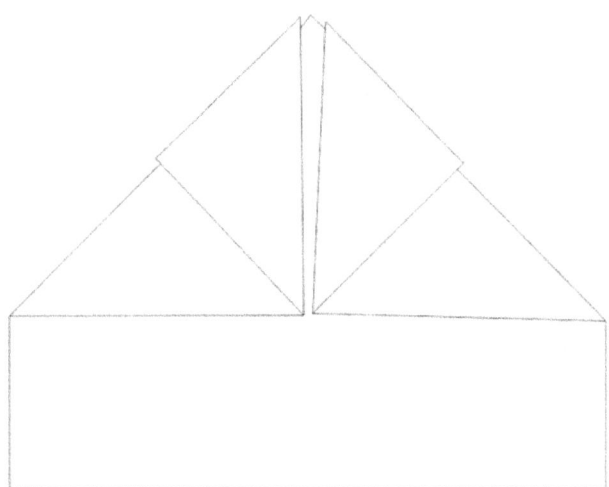

6. Dobla el punto superior hacia abajo y hacia el centro del papel, como se muestra a continuación.

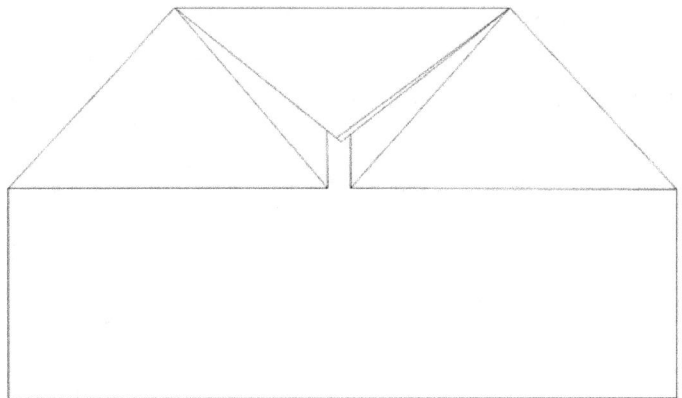

7. Dobla el avión por la mitad verticalmente para que se vea como el de la imagen de abajo.

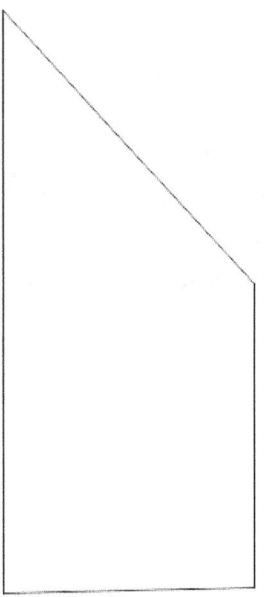

8. Desdobla las solapas laterales para crearle las alas a tu avión, como se muestra a continuación. Haz este pliegue aproximadamente a media pulgada del borde inferior del avión.

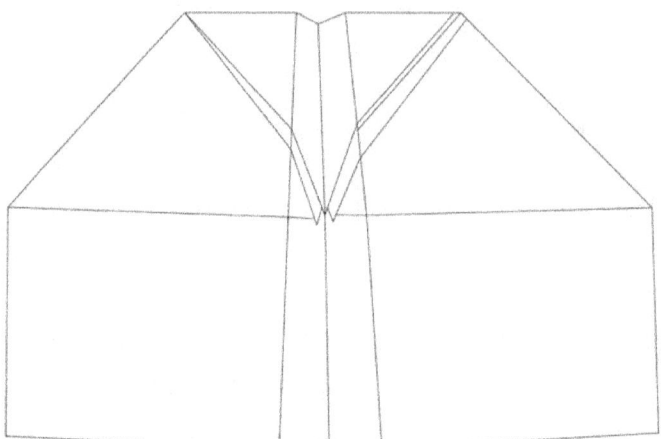

9. Usando una tijera, corta dos pequeñas ranuras en el extremo de la cola de cada ala, separadas aproximadamente por media pulgada. Dobla la sección de papel entre cada par de ranuras hacia arriba. Tu avión cuadrado ya terminado debe verse como el de la imagen de abajo.

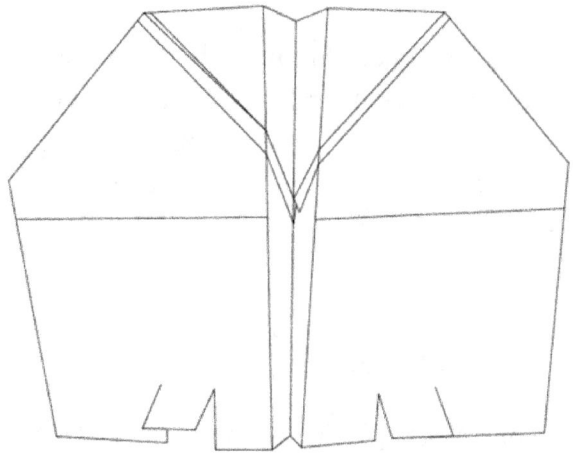

El F-4 Fantasma

Este avión de papel sigue el modelo del F-4 Fantasma, un interceptor supersónico y cazabombardero que fue el principal avión de combate durante la Guerra de Vietnam. Como se puede esperar de cualquier bombardero de combate, este avión de papel está construido para la velocidad.

Instrucciones de Plegado

1. Coloca tu papel de manera horizontal (los lados más largos en la parte superior e inferior) y luego dóblalo verticalmente por la mitad. Desdobla el papel para que quede un pliegue vertical, como se muestra a continuación.

2. Dobla el lado izquierdo de tu papel a lo largo de una línea diagonal imaginaria que se extiende desde la parte superior del pliegue de la línea central hasta el borde izquierdo del papel, como se muestra a continuación. Debes dejar aproximadamente 3 centímetros entre el inicio del pliegue y el borde inferior del papel.

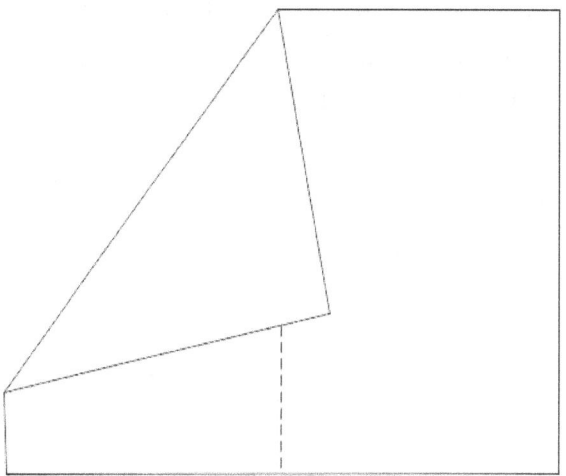

3. Desdobla el papel para que quede un pliegue diagonal. Ahora dobla el borde izquierdo de tu papel para que se alinee con el pliegue diagonal, como se muestra a continuación.

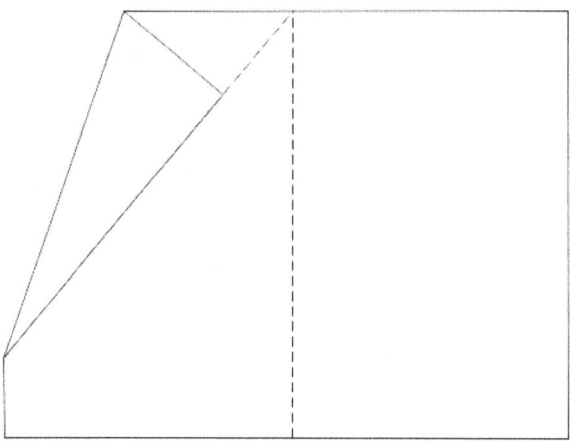

4. Una vez más, dobla el borde izquierdo de tu papel a lo largo del pliegue diagonal para que se parezca al de la imagen que se muestra a continuación.

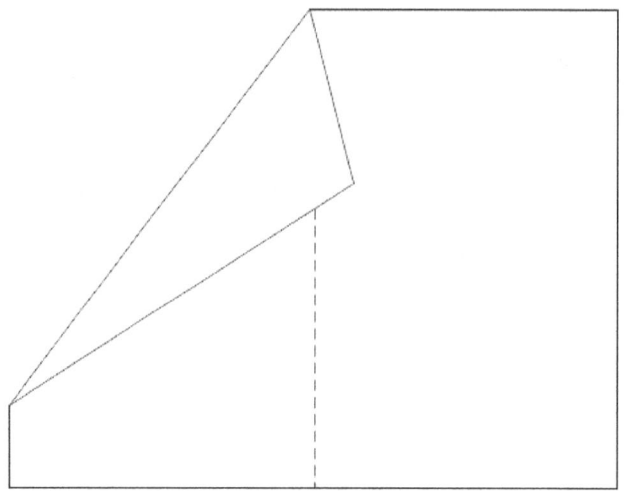

5. Repite los pasos del 2 al 4 con el lado derecho de tu papel para que se vea como el de la imagen de abajo.

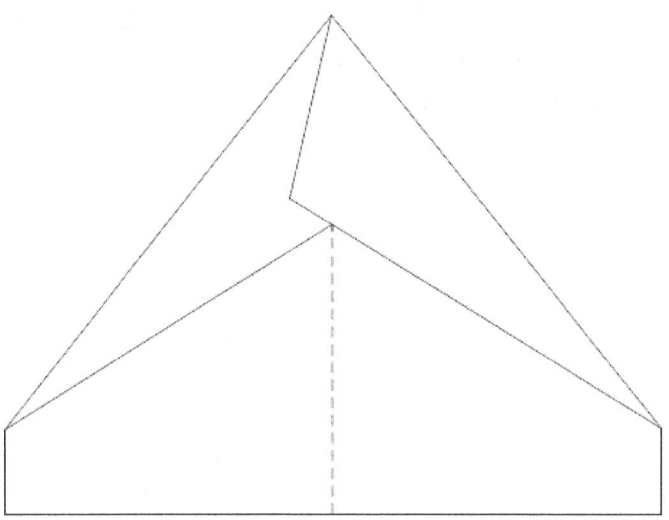

6. Dobla tu avión por la mitad a lo largo del pliegue vertical para que se vea como se muestra a continuación.

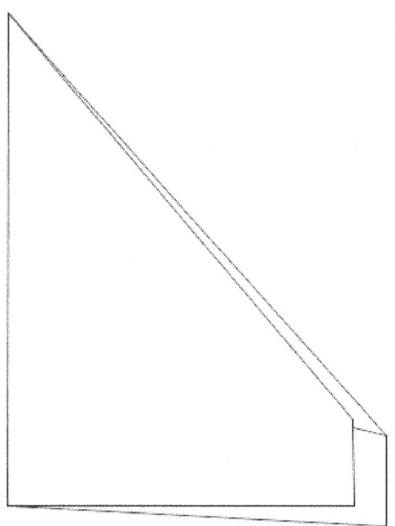

7. Dobla la esquina inferior izquierda a lo largo de la línea diagonal que se muestra a continuación, luego gira el papel y dobla el mismo punto hacia el otro lado.

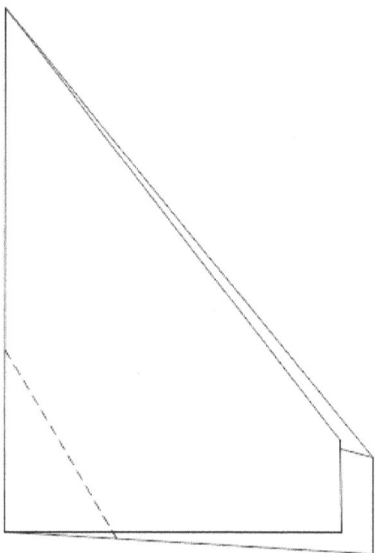

8. Dobla esta parte hacia adentro con un plegado de acordeón las dos solapas externas, como se muestra a continuación.

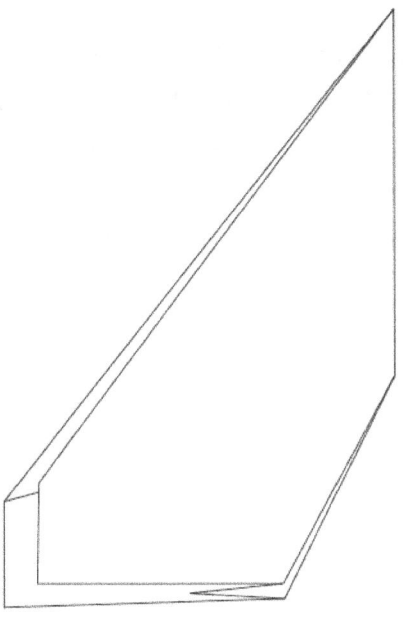

9. Gira tu avión de modo que la parte puntiaguda mire hacia tu izquierda. Con una regla, dibuja en tu avión las líneas de plegado que se muestran a continuación.

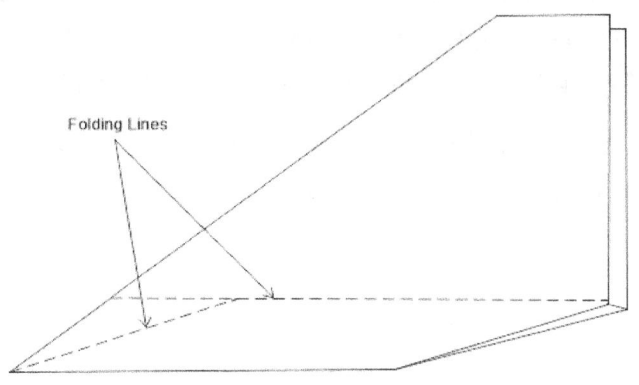

10. Dobla tu avión siguiendo las líneas que acabas de dibujar, comenzando por la nariz antes de moverte hacia el cuerpo, de modo que tu avión se asemeje al de la imagen de abajo.

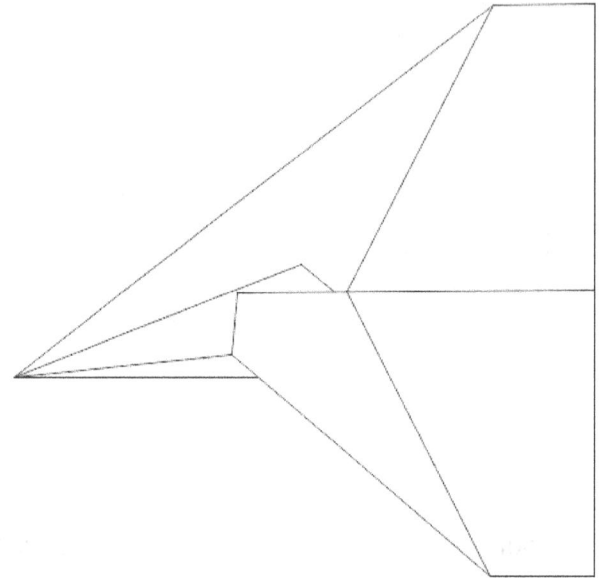

11. Repite los pasos del 9 al 10 con el otro lado para crear la otra ala para tu avión. Dobla los bordes laterales de las alas hacia arriba aproximadamente a un centímetro de la punta del ala.

12. Abre un ala y recórtala de modo que se parezca a la de la imagen en la siguiente página.

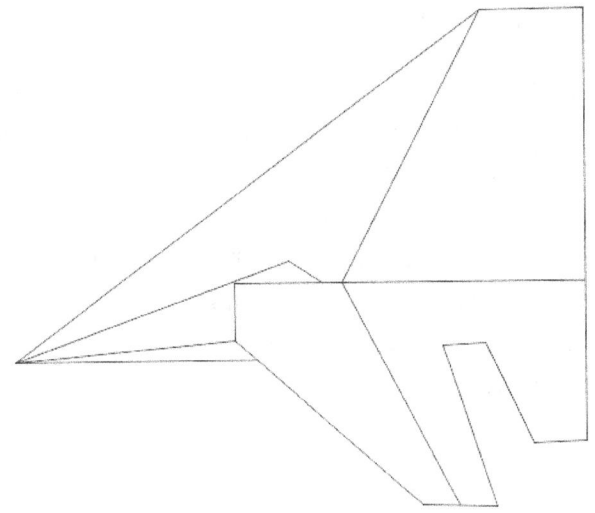

13. Abre la otra ala y córtala como hiciste con la primera.

14. Finalmente, dobla las alas de tu avión. Tu jet F-4 Phantom ya terminado debe verse como el de la imagen de abajo.

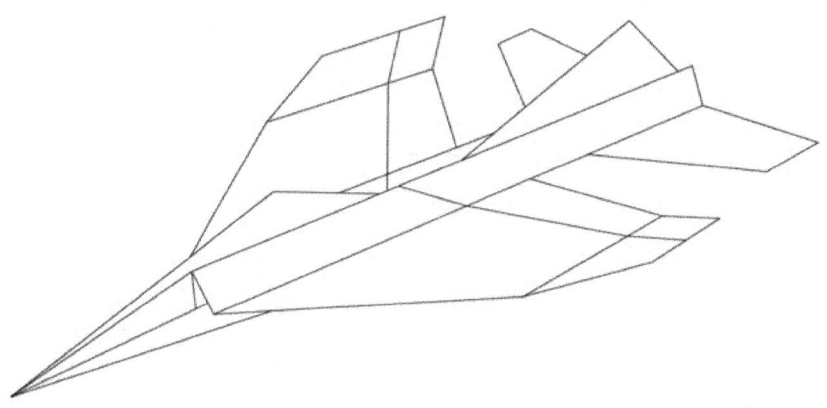

El Triturador de Estrellas

El Triturador de Estellas es un elegante avión de papel que hará que tus amigos se pongan verdes de envidia. Una vez que lances este avión al aire, te sorprenderá con grandes acrobacias mientras se sumerge y se abalanza como un avión de combate evadiendo el fuego enemigo. Antes de comenzar, debes tener en cuenta que este es un diseño extremadamente difícil. No te desanimes si no lo hace bien en tu primer intento. Tómate un tiempo para practicar y sentirse cómodo con los pliegues complejos.

Instrucciones de Plegado

1. Comienza doblando una hoja de papel por la mitad verticalmente, y luego desdóblala de manera que quede con un pliegue a lo largo del centro, como se muestra a continuación.

2. Gira la hoja de papel y dobla la esquina superior izquierda hasta que toque el borde derecho, como se muestra en la siguiente página. Asegúrate de que el pliegue, especialmente la esquina superior derecha, esté lo más afilado posible.

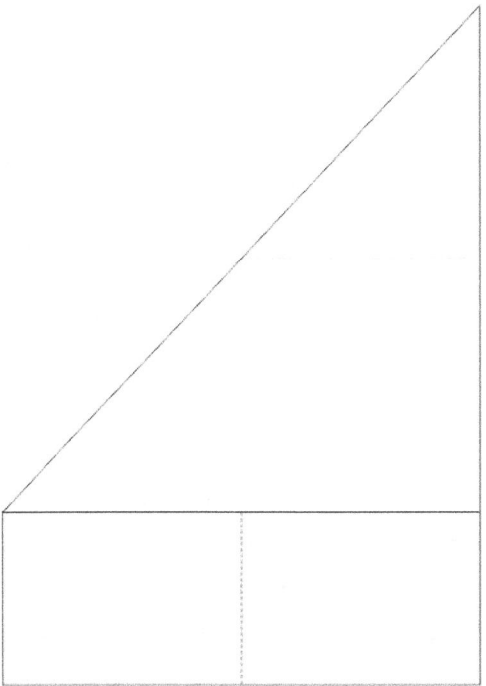

3. Despliega el papel y repite el paso anterior, esta vez doblando la esquina superior derecha para que toque el borde izquierdo. Haz que la esquina superior izquierda sea lo más afilada posible. Luego, desdobla el papel para que tenga tres pliegues, como se muestra en la siguiente página.

4. Gira el papel y dobla la parte superior hacia abajo hasta que las esquinas toquen los puntos de inicio de los pliegues diagonales. Desdobla para que tenga otro pliegue horizontalmente, como se muestra en la imagen de la siguiente página.

5. Gira el papel y coloca el dedo en el centro donde se juntan los pliegues para formar una "X". Presiona tu dedo en este punto hasta que aparezcan los lados del papel. Tu papel ahora debe verse como se muestra en la siguiente página.

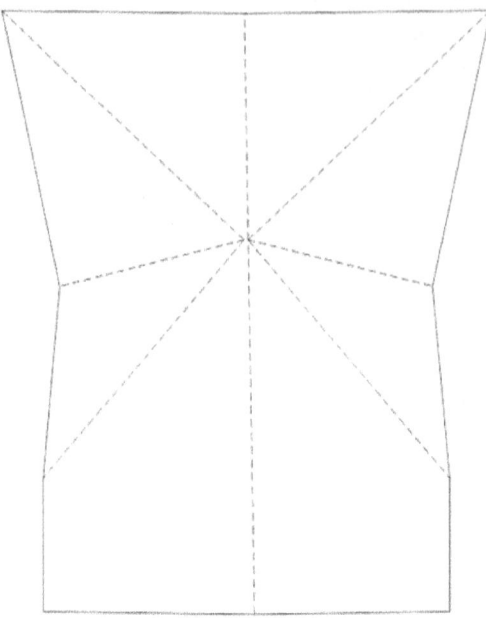

6. Dobla el lado superior del papel a lo largo del pliegue horizontal y luego realiza un plegado de acordeón hacia adentro a las solapas laterales, como se muestra a continuación.

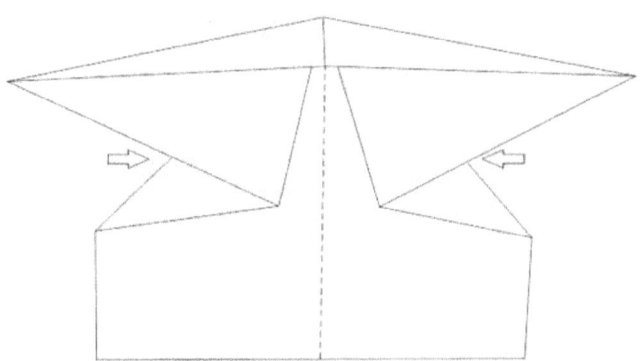

7. Presiona la sección superior hacia abajo hasta que obtenga la forma que se muestra a continuación.

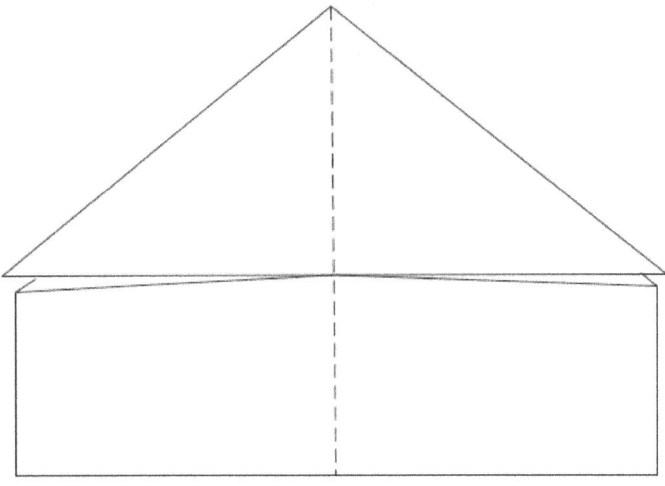

8. Dobla la solapa triangular izquierda hacia arriba aproximadamente a la anchura del pulgar desde el centro del papel, como se muestra a continuación.

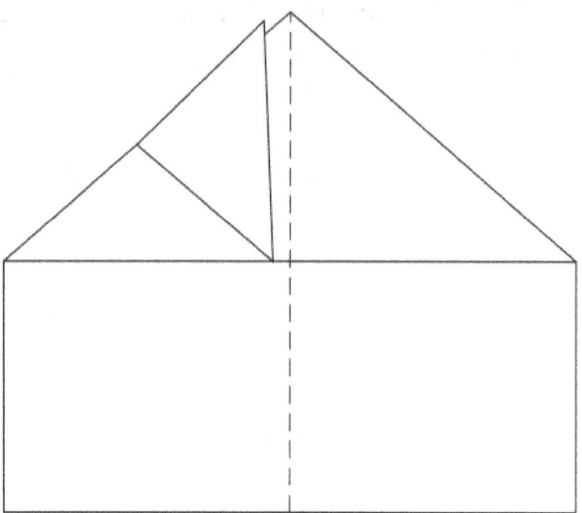

9. Voltea la hoja de papel y dobla el lado izquierdo sobre el lado derecho. Tu avión ahora debería parecerse al de la imagen que se muestra a continuación.

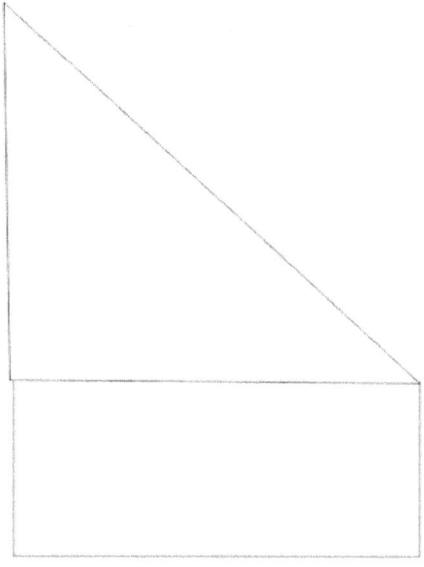

10. Dobla la solapa triangular superior hacia arriba aproximadamente con la anchura de un pulgar desde el borde, como se muestra en la siguiente página, teniendo cuidado de que se alinee bien con la otra solapa del otro lado.

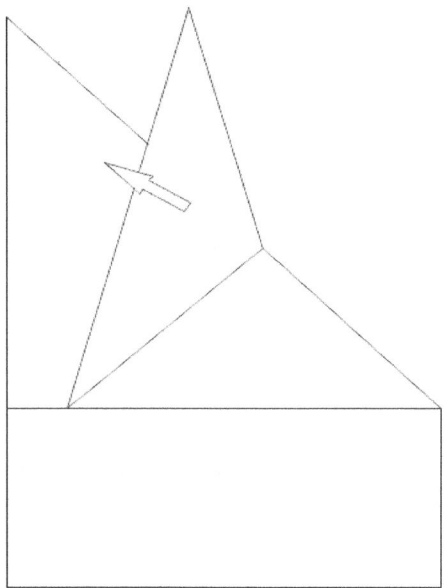

11. Después de completar el paso diez, tu avión debería verse como se muestra en la siguiente página.

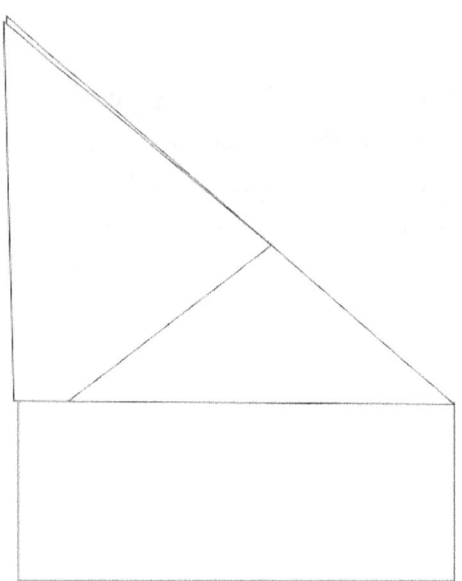

12. Abre el avión para que se vea como el de la imagen de abajo.

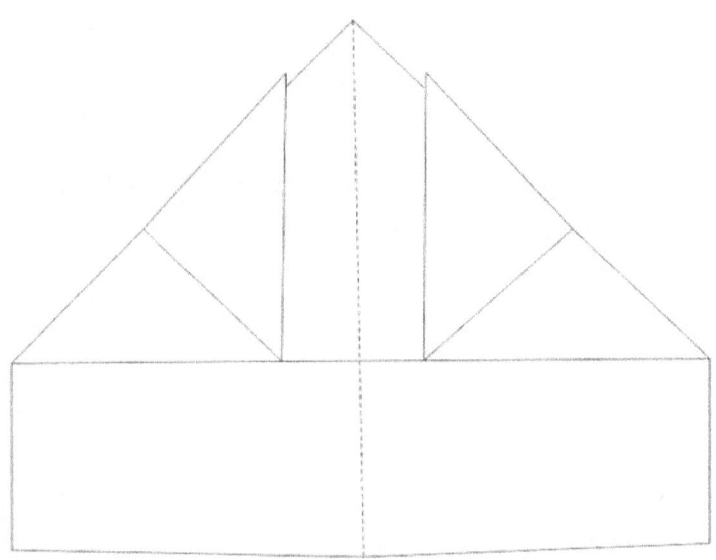

13. Dobla la solapa triangular izquierda en diagonal como se muestra en la imagen de abajo y luego desdóblala nuevamente para que quede con un pliegue en diagonal a lo largo de la solapa.

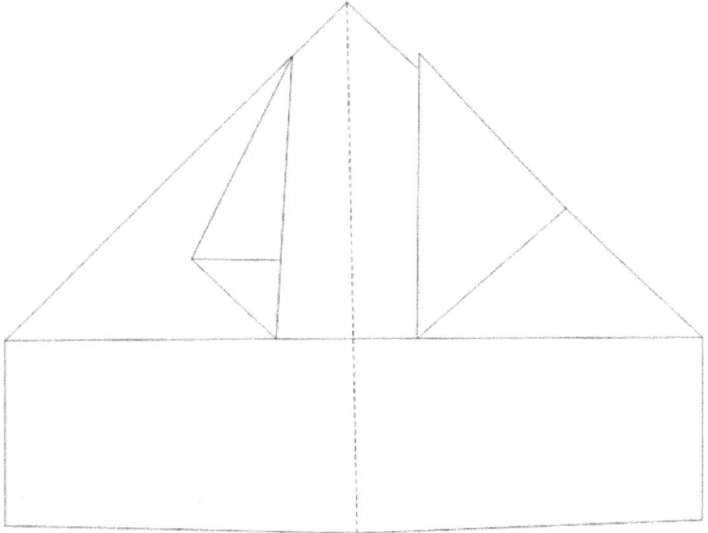

14. Ahora dobla sobre la solapa triangular izquierda para que cubra la solapa triangular derecha.

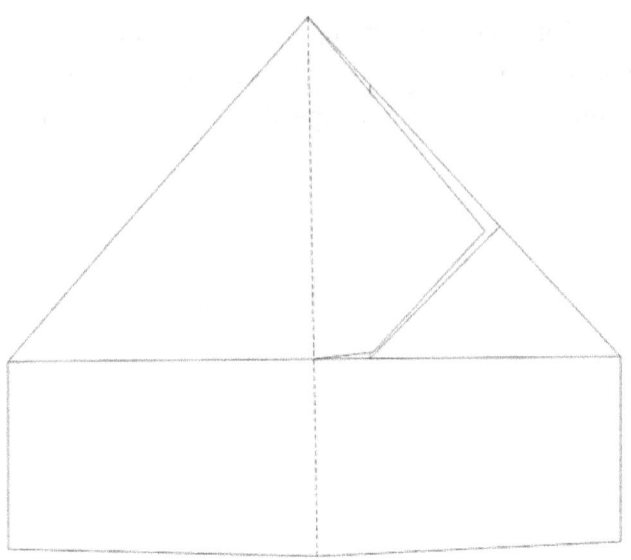

15. De nuevo, dobla esta solapa por la mitad en diagonal como se muestra en la imagen de abajo. Desdóblala para que te quedes con otro pliegue.

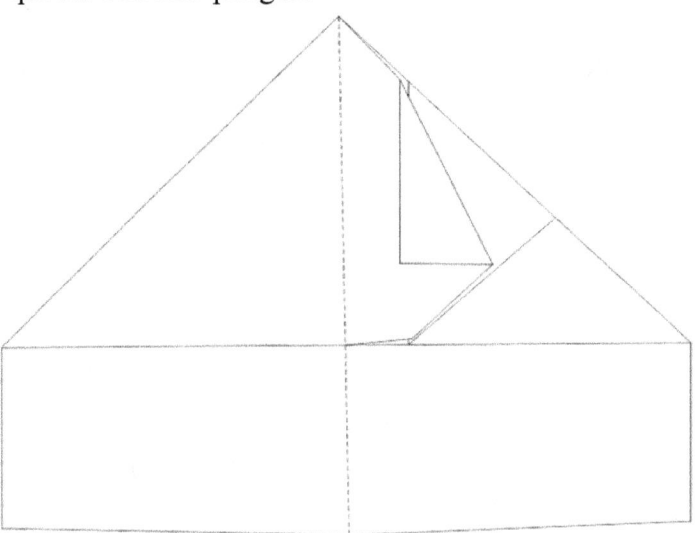

16. Desdobla la solapa hacia el lado izquierdo, donde estaba originalmente, y luego ábrela para que se vea como la de la imagen en la siguiente página.

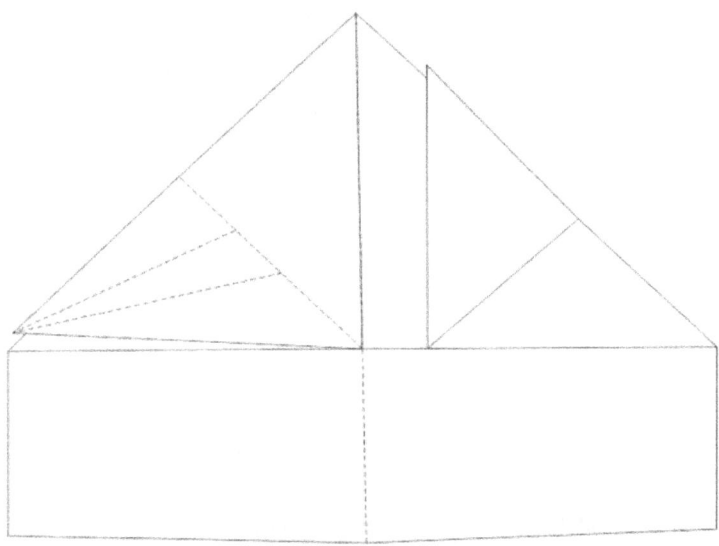

17. Aprieta la solapa a lo largo de los pliegues que creaste para que forme una parte sobresaliente en el papel con forma de colmillo, como se muestra en la imagen de abajo.

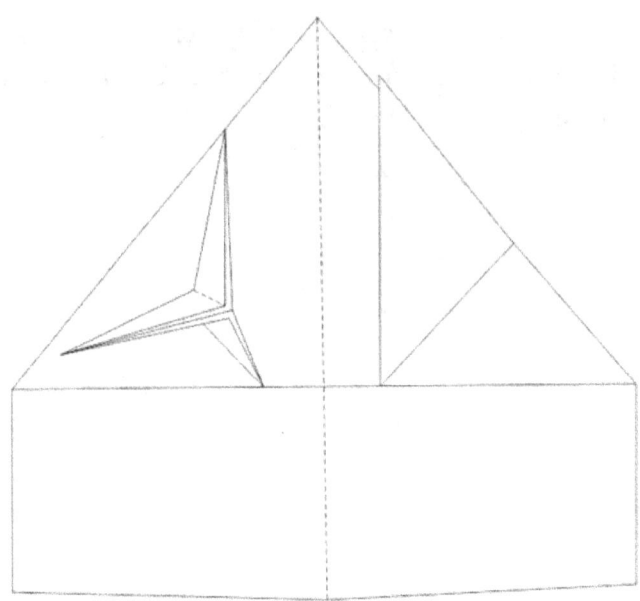

18. Dobla la parte sobresaliente en el papel con forma de colmillo para que apunte hacia arriba.

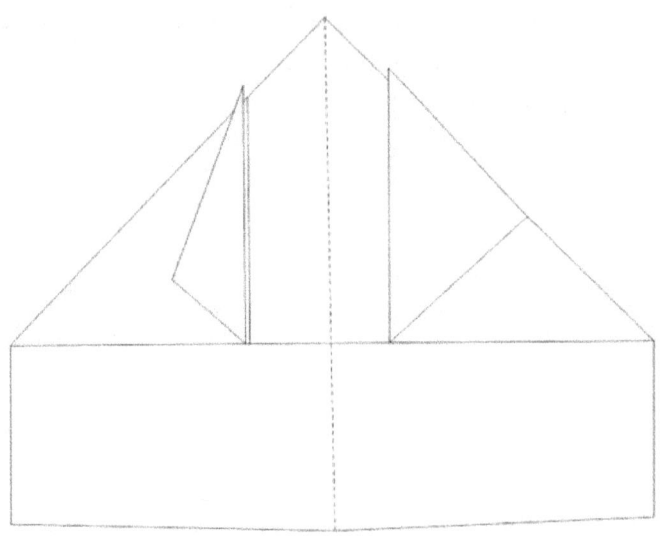

19. Repite los pasos del 12 al 17 con la solapa triangular derecha. Al final de este paso, tu avión debe verse como el de la imagen que se muestra a continuación.

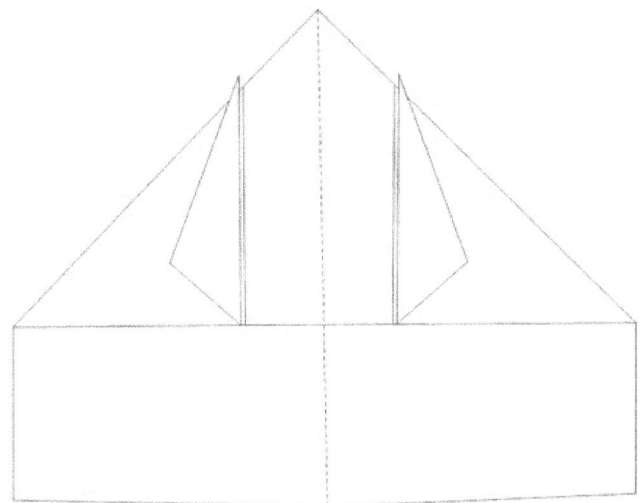

20. Gira tu avión y dobla el punto superior hacia la parte inferior del mismo. Asegúrate de dejar un espacio. Tu avión ahora debería verse como el de la imagen en la siguiente página.

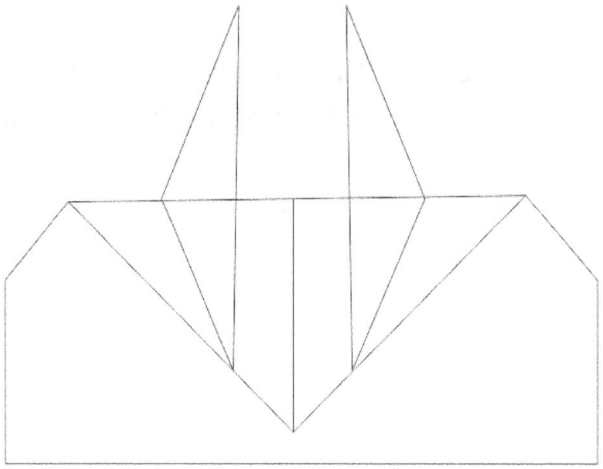

21. Dobla el avión por la mitad para que se parezca al de la imagen de abajo.

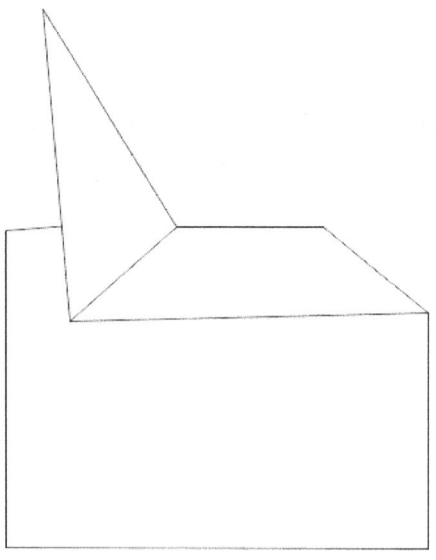

22. Con los dedos sosteniendo la esquina inferior de la parte sobresaliente en el papel con forma de colmillo, dobla la solapa superior hacia la izquierda a lo largo del pliegue que se muestra a continuación.

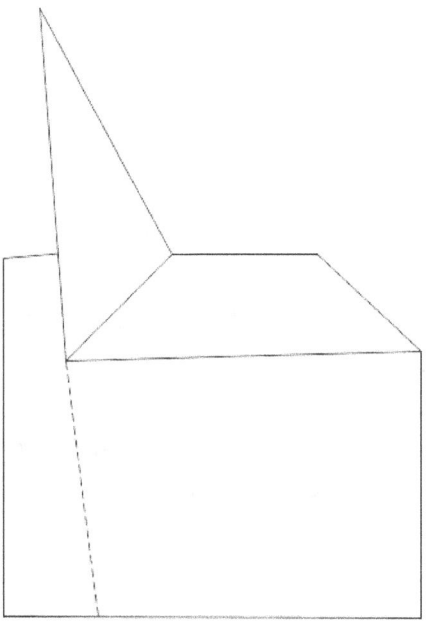

23. Tu avión ahora debería verse como el de la imagen en la siguiente página.

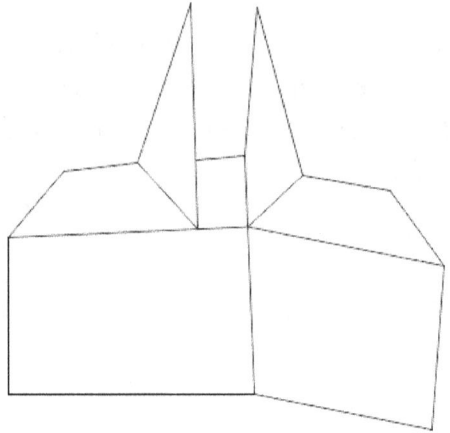

24. Gira el avión y dobla la otra solapa para que se alinee con la primera ala.

25. Dobla la primera ala hacia el borde inferior del avión como se muestra a continuación para crear una aleta.

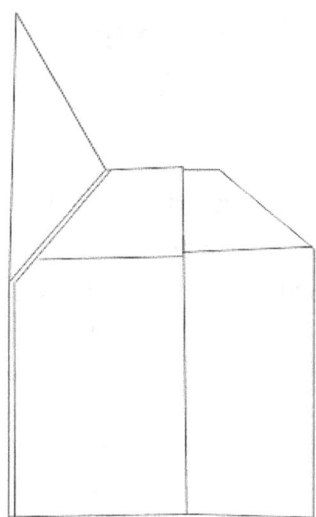

26. Da la vuelta al avión y dobla la otra ala hacia el borde inferior del avión como hiciste con la primera ala.

27. Finalmente, abre ambas alas y aletas. El Triturador de Estrellas ya terminado debe verse como el de la imagen de abajo.

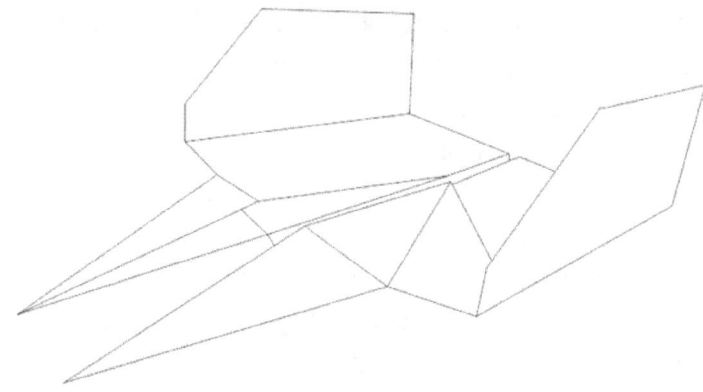

Capítulo Seis: Consejos para Mejorar el Rendimiento de tu Avión de Papel

Si bien la capacidad de convertir una hoja de papel en una máquina voladora es emocionante, a veces tu avión de papel podría no funcionar como esperabas. Este capítulo contiene algunos consejos que puedes usar para mejorar el vuelo de tu avión de papel, haciéndolo volar más rápido, más lejos o permanecer en el aire por mucho más tiempo.

- Las alas más cortas proporcionan a tu avión más elevación. Si quieres que tu avión de papel vuele más alto, dobla las alas para que sean más cortas. Doblar las alas también puede hacer que el diseño de tu avión sea más complejo, dándole una mejor apariencia. Los aviones con alas más cortas también son más rígidos, lo que te permite lanzarlos más rápido. Si bien los aviones de papel con alas largas y anchas son buenos planeadores, deben lanzarse con mayor suavidad.
- Asegúrate siempre de que las alas de tu avión de papel sean simétricas. Al hacer los pliegues según el diseño de tu avión, a veces puedes hacer estimaciones erróneas, lo que lleva a que un ala sea más larga o más ancha que la otra. Las alas desiguales afectarán el vuelo de tu avión, haciéndolo inclinar hacia un lado. Por lo tanto, intenta asegurarte de que las alas sean simétricas en la medida de lo posible. Puedes hacer esto desdoblando el avión y doblando de nuevo o recortando un ala. Sin embargo, ten cuidado si decides recortar, ya que no puedes deshacer un error al recortar.
- Si tu avión está buceando cada vez más, puedes corregir su trayectoria de vuelo doblando la parte trasera de las alas hacia arriba. Esto hace retroceder el centro de gravedad de tu avión y le da estabilidad, lo que le permite volar más lejos y más rápido.

- Si su avión se está estancando (va directamente hacia arriba y luego se estrella contra el suelo), puedes mejorar su vuelo agregando algo de peso a su nariz. Esto equilibra el avión y evita que vuele directamente hacia arriba. Puedes agregar peso a la nariz ya sea agregando un sujetapapeles o pegando una moneda en la nariz. Los aviones más pesados manejarán mejor las condiciones exteriores que los aviones ligeros.
- También puedes corregir un avión de papel atascado doblando los extremos traseros de las alas hacia abajo. Esto evitará que el avión vuele hacia arriba después del lanzamiento.
- Si tienes problemas para mantener las alas de tu avión juntas, puede usar cinta adhesiva doble en el interior del mismo para mantener las alas juntas durante el vuelo.
- Para evitar que tu avión se separe en pleno vuelo, asegúrate de haber hecho cada pliegue de manera limpia y precisa. Para hacer que tus pliegues sean afilados y perfectos, puedes pasar tu uña o una regla a lo largo del borde exterior del pliegue.
- La clave del vuelo de tu avión está en sus alas. Para los aviones que usan una versión modificada del dardo, puedes hacer que su vuelo sea más rápido y suave al empujar ligeramente las alas hacia arriba, de modo que el avión se vea como la letra "Y" cuando se observa desde atrás, en lugar de asemejarse a la letra "T".
- Deberías optar por papel de grosor ligero a medio para tus aviones de papel. Si bien algunos aviones funcionan mejor con papel más pesado, es más difícil doblarlo, especialmente si eres un principiante. Hacer pliegues afilados y precisos en papel pesado es difícil y los pliegues descuidados pueden arruinar fácilmente el vuelo de tu avión.
- Para la mayoría de los aviones discutidos en este libro, el papel de tamaño A4 o tamaño carta funcionará perfectamente, a menos que se especifique la forma o el tamaño del papel. Incluso si no tienes acceso a papel de tamaño A4 o tamaño

carta, puede hacer los aviones utilizando cualquier papel rectangular.
- Finalmente, debes tener mucho cuidado al volar aviones de papel alrededor de las personas, o incluso solo. Cuando está correctamente plegado, algunos de estos aviones tendrán una nariz muy afilada. Como sus vuelos pueden ser impredecibles, estos aviones pueden causar lesiones, por ejemplo, si vuelan hacia los ojos de alguien. Si hay personas a tu alrededor, notifíquelas antes de lanzar tu avión al aire.

Palabras Finales

¡Felicidades! Has llegado al final de este libro de grandes diseños de aviones de papel.

A estas alturas, deberías tener habilidades de nivel experto en la construcción de aviones de papel. Puedes salir al mundo con confianza sabiendo que ninguno de tus amigos podrá competir con tus habilidades. También puedes usar tus habilidades para impresionar a tus amigos en la escuela, en las fiestas o cuando salgas de picnic. Los numerosos diseños de aviones proporcionados en este libro también significan que nunca te quedarás sin nuevos diseños por probar. ¡Ahora sal y muéstrales a todos que eres es el mejor piloto del vecindario!

www.ingramcontent.com/pod-product-compliance
Lightning Source LLC
Chambersburg PA
CBHW071451080526
44587CB00014B/2066